© Scanpix

Åsne Seierstad, geboren 1970 in Oslo, arbeitete als Korrespondentin für verschiedene skandinavische Zeitungen und das Fernsehen in Russland, China, dem Balkan, Afghanistan und dem Irak. Für *Der Buchhändler aus Kabul* (Claassen 2003) wurde sie mit dem renommierten Preis der norwegischen Buchhändler ausgezeichnet.
Seit Ende Januar 2003 war Åsne Seierstad in Bagdad als eine der wenigen Kriegsberichterstatterinnen vor Ort und schrieb für neun große europäische Tageszeitungen. Mit dem *Tagebuch aus Bagdad* erscheint nun ihr drittes Buch auf Deutsch.

Umschlaggestaltung:
HildenDesign, München
Umschlagmotiv:
Alfred Diwersy / Gisela Wand
Claassen Verlag · München
www.claassen-verlag.de

ÅSNE SEIERSTAD

TAGEBUCH AUS BAGDAD

ALLTAG ZWISCHEN ANGST UND HOFFNUNG

Aus dem Norwegischen
von Holger Wolandt

Claassen

Claassen ist ein Verlag
des Verlagshauses Ullstein Heyne List GmbH & Co. KG

ISBN: 3-546-00346-2

Gesetzt aus der Berling Roman 10,4/13,7 pt bei
Franzis print & media GmbH, München
Herstellung: Helga Schörnig
Druck und Bindung: Clausen & Bosse, Leck
Printed in Germany

Vorwort

Eines Morgens macht Mona einen erstaunliche Bemerkung. Eine Woche ist vergangen, seit ihre Welt auf den Kopf gestellt wurde, seit all ihre Anschauungen in die Brüche gingen.

Mona stammt aus einfachen Verhältnissen und ist in den siebziger Jahren in Bagdad aufgewachsen. So lange sie denken kann, war in den Schulbüchern auf der ersten Seite ein Bild des Präsidenten. Jede Stunde begann mit einem »Lang lebe Saddam Hussein«. Für Mona und alle anderen irakischen Kinder war er der große Vater. Ihre Eltern hüteten sich, abfällig von ihm zu sprechen. Falls die Kinder in der Schule etwas weitererzählten, konnte das die Familie teuer zu stehen kommen.

Mona war eine gute Schülerin. Sie begann an der Universität Englisch zu studieren, ein Fach mit Status. Anschließend wurde sie Übersetzerin bei der irakischen Nachrichtenagentur INA. Ihre Aufgabe war es, Saddam Husseins Dekrete und Reden im Präsidentenpalast mitzustenographieren und sie dann an die Zeitungsredaktionen weiterzuleiten. Eine Aufgabe, der sie sich mit Begeisterung widmete. Sie hatte das Gefühl, eine wichtige Arbeit zu leisten, da sie überall vom Anblick des Erhöhten umgeben war – von Bildern, Wandgemälden, Mosaiken, Statuen, Reliefs, Bronzebüsten und Fotografien.

Als Kind der Ära Saddam Husseins kannte Mona keine andere Wirklichkeit als die, in der sie gelernt hatte, ihren Präsidenten zu lieben und zu achten. Ihn zu achten und zu fürchten.

Als ich im Januar 2003 nach Bagdad kam, wurde Mona zu meiner Dolmetscherin und Bewacherin ernannt. Als Übersetzerin genoss sie das Vertrauen der Behörden. Sie hatte sämtliche Hürden passiert und durfte Kontakt zu Ausländern unterhalten. Als Ausländerin durfte ich mich nicht ohne Dolmetscherin mit Irakern unterhalten. Mona sollte mir im Irak den Weg weisen.

»Willst du das Saddam-Zentrum für internationale Kunst besuchen? Willst du den Porträtmaler Saddams kennenlernen? Opfer der Sanktionen treffen? Kinder, die an Krebs leiden und wegen der kriminellen Sanktionen der USA keine Medikamente bekommen?«

Mona schlug immer die Dinge vor, die man ihr gesagt hatte. Kein einziges Mal trug sie mir eine Idee außerhalb des offiziellen Rahmens an oder vermittelte mir einen Kontakt, der nicht wahnsinnig langweilig oder wahnsinnig offiziell gewesen wäre. Ich erklärte ihr immer wieder, an welchen Dingen ich interessiert sei. Sie nickte, nahm aber nie Rücksicht darauf. »Ich kümmere mich darum«, antwortete sie, wenn ich sie darum bat, etwas für mich in Erfahrung zu bringen.

Für alles brauchten wir eine Genehmigung, ob wir nun ein Krankenhaus, eine Schule, ein Ministerium oder eine andere Stadt besuchen wollten. Meistens wurde abschlägig beschieden, und oft drängte sich mir der Verdacht auf, dass Mona nicht einmal fragte, sondern nur das Nein überbrachte, mit dem sie schon im Voraus rechnete.

Manchmal rief sie mich am Abend ganz begeistert an: »Saddam war im Fernsehen. Willst du, dass ich dir die Rede übersetze?«

Ich bat immer darum. Schließlich musste ich nehmen, was ich kriegen konnte. Das gesamte Frühjahr war ein ständiges Gezerre. Ich musste mich abstrampeln, um meine Arbeit machen zu können, Leute zu treffen und mir einen Eindruck vom Leben der Iraker zu verschaffen. Aber Monas angeborene Sanftmütigkeit rettete mich. Ab und zu konnte ich mich loseisen. Es gelang ihr einfach nicht immer, mit mir Schritt zu halten, und so konnte ich manchmal alleine herumlaufen, unbeaufsichtigt mit Leuten reden und irgendwelche Orte aufsuchen. Aber erstaunlicherweise gelang es mir nur sehr selten, die Zeit allein besser zu nutzen als die Zeit mit ihr zusammen. Die Iraker wagten es einfach nicht zu reden, ungeachtet, ob jemand von der Behörde mithörte oder nicht. Nach drei brutalen Jahrzehnten der Diktatur saß die Angst in ihnen tief. Jeder war sein eigener Bewacher. »Die Angst steckt mir noch in den Knochen«, sagte nach Saddams Sturz ein Mann zu mir. Nur ganz selten flüsterte mir jemand etwas ins Ohr oder erzählte mir in der Ecke eines Teehauses ein Geheimnis. Indem sie sich mit mir, einer Ausländerin, unterhielten, setzten sie sich größter Gefahr aus. Ich wurde kein einziges Mal zu jemandem nach Hause eingeladen.

Die meisten Interviews waren vollkommen unsinnig. Alle antworteten dasselbe: Das Leben sei gut, Saddam Hussein sei der beste Mann auf der Welt, und die Amerikaner würden sie nicht fürchten. Die Banalität dieser Antworten zeigte, wie tief die Angst vor dem Regime saß. Aber ich musste ebenfalls darauf achten, was ich sagte, denn Mona war gleichzeitig eine Spionin der irakischen Behörden. War ich zu kritisch, lief ich Gefahr, des Landes verwiesen zu werden. Das führte dazu, dass wir uns kaum über Politik unterhielten. Worüber hätten wir auch sprechen sollen? Etwa über ihre Anbetung Saddam Husseins und über meine Zweifel?

Mona brachte mir das ABC bei, wie man sich in Bagdad zu verhalten habe. Das Wichtigste sei, den Präsidenten zu achten. »Zeige nicht mit dem Finger«, sagte sie dauernd, wenn ich nach etwas fragte. »Vor allem nicht auf ein Bild des Präsidenten.« Und die hingen überall. »Sieh ihn nicht direkt an, schau nach unten oder zur Seite.«

»Sprich nie von ihm und frage nie nach ihm«, befahl sie mir. Als würde er über Zauberkräfte verfügen, die es ihm erlaubten, zu sehen, zu hören und zu fühlen, wenn jemand seinen Namen verspottete.

Mona hatte jedoch das Recht, über ihn zu sprechen. Jeden Tag übersetzte sie seine Dekrete und las sie mir vor. Auf schwierige Fragen pflegte sie zu antworten, dass Saddam Hussein das schon klug und auf die bestmögliche Art lösen werde.

Als sich der Krieg näherte, spitzte sich die Lage zu. Jeden Tag wurden wir von den Beamten des Informationsministerium herumgescheucht, rein in den Bus und zum Sightseeing. Wegen jeder Kleinigkeit mussten wir um Erlaubnis bitten, sogar, um irgendwo einen Tee trinken zu gehen. Es war strengstens verboten, sich ohne Bewacher zu bewegen. Die täglichen Seancen mit dem Informationsminister Said al Sahaf waren obligatorisch. Stundenlang hörten wir uns seine Tiraden über die Stärke der Iraker und die Feigheit der Amerikaner an. Ausführlich berichtete er über amerikanische Verluste und über Plünderungen der Briten. »In Basra haben sie sogar die Trockenmilch und die Babymilch aus den Läden geholt«, erzählte er.

»Glaubst du wirklich, dass die britischen Soldaten Babymilch aus den Geschäften geplündert haben?«, fragte ich Mona.

»Natürlich.«

»Aber wozu brauchen sie die ganze Babymilch?«

»Für ihren Tee.«

Aber Mona war nicht nur eine treue Anhängerin des Regimes, sondern auch eine der Mutigsten aus den Reihen der Dolmetscher. Als die Bombardements begannen, verschwanden die meisten. Sie kamen einfach nicht mehr zur Arbeit. Mona trotzte den Gefahren und bahnte sich jeden Tag mit mir den Weg durch ein Bagdad, das immer mehr von Bomben zerstört wurde. Sie nahm mich an Orte mit, wo sich niemand mehr hintraute. Sie besorgte Lebensmittel, wenn alle Läden geschlossen waren, und sie ging noch aus, als die meisten längst zu Hause blieben.

Aber sie weigerte sich bis zum Schluss, Informationen Glauben zu schenken, die besagten, dass die Amerikaner vor den Toren Bagdads stünden. Sie verließ sich blind auf die Aussagen des Informationsministers. Fleißig schrieb sie die Zahl der feindlichen Panzer und Hubschrauber auf, die die heldenhaften irakischen Truppen zerstört und wie viele feige amerikanische Soldaten sie getötet hatten.

Jeden Tag rückten die Amerikaner näher, und jeden Tag zweifelte Mona ein bißchen mehr am Widerstand der irakischen Armee. Aber sie sagte nichts. Nachdem sie mich davor bewahrt hatte, des Landes verwiesen zu werden, weil ich zu einigen Pressekonferenzen und Busrundfahrten nicht erschienen war, sagte sie: »Egal was passiert, versteck dich hinter meinem Rücken. Wenn die Amerikaner kommen, verstecke ich mich hinter deinem.«

Eines Morgens waren alle Sicherheitskräfte aus dem Hotel verschwunden. Auf den Straßen war kein Militär mehr zu sehen und keine einzige Menschenseele trug mehr die Uniform der Baath-Partei. Auch unsere Bewacher vom Informationsministerium hatten die Fliege gemacht. Aber Mona war zur Stelle. Als die Amerikaner in ihren Panzern durch die Straßen von Bagdad rollten, sahen Mona und ich zu. Als die Statue des Mannes, den Mona fast für so etwas wie einen Gott gehalten hatte, zu Boden fiel, wandte Mona sich ab. Die Statue fiel auf die denkbar schändlichste Art. Sie wurde von der rohen Kraft eines amerikanischen Panzers entzwei gebrochen.

»Welches Recht haben die dazu?«, fragte sie, als über dem Kopf von Saddam Hussein ein amerikanische Flagge ausgebreitet wurde. »Welches Recht?«

In den folgenden Tagen lief Mona wie im Koma herum. Sie dolmetschte, vermied jedoch persönliche Fragen. Sie hörte auf zu essen und schlief nicht mehr. Aber sie vermittelte die Freude der Leute darüber, dass der Diktator gestürzt war, sie brachte mir die Verzweiflung der Angehörigen über die leeren Gefängnissen nahe, sie überwand ihre Angst vor den Amerikanern und folgte mir hinter die Absperrungen. Gemeinsam besuchten wir den riesigen Präsidentenpalast. Ein Soldat fuhr uns hin – das Hauptquartier der Amerikaner war dort bereits eingerichtet – und führte uns herum. Mona sagte kein Wort. Der Soldat wandte sich an sie: »Er hat euer Geld verprasst«, sagte er immer wieder. Mona erwiderte nichts. Als ich sie fragte, was für ein Gefühl es sei, im Schlafzimmer des Gottgleichen herumzugehen, kam kein Ton über ihre Lippen. Ich ließ sie in Ruhe.

Wie der größte Teil der Bewohner Bagdads stand Mona unter Schock. Gleichzeitig klammerte sie sich an eine Hoffnung, dass das Leben bald wieder in normalen und kontrollierten Bahnen verlaufen würde. »Heute hat er im Radio gesprochen«, sagte sie eines Morgens. »Jemand hat ihn in der Stadt gesehen«, meinte sie an einem anderen. »Er versteckt sich nur, und seine Rache wird fürchterlich sein«, versicherte sie.

Die Tage vergingen. Mona begann sich an die amerikanischen Straßensperren, das Chaos und die Unsicherheit zu gewöhnen. An dem Tag, an dem sie ihre erstaunliche Bemerkung machte, war sie sehr still. Sie wollte auf meinem Zimmer übernachten, weil es zu spät geworden war, um nach Hause zu fahren. Mit angezogenen Beinen lag sie auf dem Bett und starrte an die Decke.

»Weißt du was«, sagte sie, fast zu sich selbst. »Ich glaube, dass wir Saddam Hussein ganz egal waren.«

»Wie kommst du darauf?«

»Wenn ihm sein Volk etwas bedeutet hätte, dann hätte er seinen Thron geräumt, als er das hier kommen sah. Das hätte dem irakischen Volk diesen Krieg und all dieses Leid erspart. Wir wären dann auch nicht von den Amerikanern besetzt worden. Ich glaube, er war ein Egoist«, sagt sie fast erstaunt.

Seit seinem Sturz sind zehn Tage vergangen, und Saddam hat eine seiner treuesten Anhängerinnen verloren. Sie hat die Glasglocke ihres Komas zerschlagen und steht jetzt in einer Welt aus Scherben und zerstörter Träume. Sie weiß, dass sie betrogen worden ist und dass sie eine Lüge gelebt hat.

25. April 2003
Åsne Seierstad

SONNTAG, 19. JANUAR 2003

Lady Macbeth und Medea auf Demonstration

»Saddam, Saddam, in unserem Blut und unseren Herzen!«, rief die irakische Kulturelite auf einer Demonstration in den Straßen von Bagdad. Theater- und Fernsehstars gelobten, Saddam beizustehen, falls die USA den Irak angreifen sollten.

Der Irak und die UNO haben vereinbart, die Zusammenarbeit bei der Suche nach Massenvernichtungswaffen zu verbessern. Der Irak will den Waffeninspektoren gestatten, Befragungen durchzuführen, ohne dass Vertreter der eigenen Behörden zugegen sind. Die öffentliche Meinung wird jedoch immer feindseliger. Die Zeitungen drucken hasserfüllte Artikel über die Inspektoren, und die Kulturelite demonstriert. Beides auf Anweisung von oben.

Lady Macbeth und Medea, Romeo, Othello und Desdemona baten mit großen Gesten um Frieden. Bagdads Kulturelite, die Schauspieler an der Spitze, war auf die Straße gegangen, um gegen das zu protestieren, was die Iraker »die Aggression der USA« nennen. Die Demonstranten stellten ihre Rollen sehr überzeugend dar. Gemessenen Schritts und mit einem Bild Saddam Husseins in der Hand gingen sie zielstrebig durch die Hauptstraßen Bagdads. Ihre Parole ließ sich leicht auswendig lernen: »Saddam, Saddam, in unserem Blut und unseren Herzen! Saddam, Saddam, niemand darf ihn uns nehmen!«, erklang es unisono.

»Ich hoffe, das hilft«, sagte Karim Awad, einer der bekanntesten Schauspieler des Irak. »Als Schauspieler ist es unsere Pflicht, Vorbild zu sein. Deswegen müssen wir zeigen, dass wir unseren Führer unterstützen.« Awad hat in Kalifornien die Schauspielschule besucht und in einer Reihe großer Filme und Fernsehproduktionen mitgewirkt. Von seinen verschiedenen Rollen kann er sich mit der des Othello am besten identifizieren, der des edlen Kriegers, der von seinem Diener verraten wird. Eine Reihe Kleinwüchsiger, wie sie häufig in irakischen Satireprogrammen auftreten, waren ebenfalls an dem Spektakel beteiligt. Tänzer in bunten Kostümen und bekannte Sänger stolzierten um sie herum.

Ein paar Häuserblocks weiter im UNO-Hauptquartier in Bagdad verlas der Chef der UNO-Waffeninspektoren Hans Blix seinen neuen Zehn-Punkte-Vertrag mit den Irakern. Saddam Hussein will sich neuerdings fügsamer und kooperativer zeigen.

Die wichtigsten neuen Punkte sind, dass die UNO jetzt überall Zutritt erhält, auch zu Privathäusern. Der Irak will Wissenschaftler ermuntern, sich von den Waffeninspektoren befragen zu lassen. Es soll auch gestattet werden, Befragungen durchzuführen, ohne dass Vertreter der irakischen Behörden zugegen sind. Der Irak will gleichfalls ein Team bilden, das nach Gefechtsköpfen suchen soll.

Hans Blix erklärte, der Irak hätte mehrere neue Dokumente vorgelegt, weitere angekündigt und versprochen, die Suche nach Unterlagen fortzusetzen.

»Wir haben eine Reihe praktischer Probleme gelöst, aber leider nicht alle«, sagte Hans Blix, ehe er Bagdad ein letztes Mal verließ, um der UNO am 27. Januar seinen Bericht vorzulegen. »Ich bin mir ziemlich sicher, dass der Irak seine Versprechen halten wird«, meinte er und wiederholte noch einmal, dass der Krieg nicht unvermeidlich sei.

Die UNO ist der Meinung, dass der Irak Anthrax, das Nervengas VX und Scud-Raketen versteckt hält. Das Land hat keine Beweise dafür vorgelegt, dass alles zerstört worden ist.

»Diese Fragen haben wir noch nicht erörtert. Aber das tun wir später«, versprach Blix. Der Irak hat widersprüchliche Angaben gemacht, was das Produktionsprogramm von Nervengas angeht. Die UNO-Inspektoren fanden vorige Woche leere Gefechtsköpfe für chemische Waffen, die der Irak nicht gemeldet hatte. Die Iraker verteidigten sich damit, das schlicht vergessen zu haben.

Nach diesem Treffen fuhren Hans Blix und sein Gefolge weiter nach Zypern. Von dort geht die Reise weiter nach Athen, um das Land zu informieren, das den EU-Vorsitz hat. Übermorgen wird Hans Blix dann in New York eintreffen.

Bisher haben die Waffeninspektoren im ganzen Irak vierhundert Kontrollen durchgeführt, ohne einen einzigen Beweis dafür gefunden zu haben, dass der Irak Waffen hergestellt hat, die laut UNO-Resolution verboten sind. Auch heute gingen die Kontrollen weiter. Mehr als zehn Anlagen wurden untersucht.

Auch wenn die Iraker behaupten, dass sie zur Zusammenarbeit bereit seien, propagieren die Zeitungen des Landes eine härtere Linie. Die Bürger des Irak sollen nicht den Eindruck erhalten, Saddam Hussein hätte westlichen Forderungen nachgegeben. Das Zentralorgan der Baath-Partei *Al Thawra* (Die Revolution), eine Zeitung, die von Saddam Hussein kontrolliert wird, beschuldigt die Waffeninspektoren, Offiziere des westlichen Geheimdienstes zu sein.

»Die Kontrollen stellen eine direkte Einmischung in unsere inneren Angelegenheiten dar«, schrieb die Zeitung. »Sie gehen in die Häuser unbescholtener Bürger und schnüffeln in ihren Schlafzimmern und Küchen herum. Sie respektieren die Moslems nicht und auch nicht unsere Ruhetage. Sie verlangen, die Kontrollen auch an Freitagen und an Feiertagen durchführen zu können«, steht im Leitartikel.

»Anfänglich glaubten wir, die Inspektoren seien neutral. Jetzt sehen wir, dass es sich um Spione der Amerikaner handelt. Das hier hat nichts mit der Suche nach Massenvernichtungswaffen zu tun. Außerdem besitzen wir keine chemischen, biologischen oder atomaren Waffen. Also werden sie vergebens suchen«, schließt *Al Thawra*.

Die Demonstration löst sich auf. Auf unglaublich hohen Absätzen und mit engen Jeans bewältigt Satem Jassim die letzten Meter des Marsches. Die Moderatorin des beliebtesten Musikprogramms des irakischen Fernsehens ist stark geschminkt und hat ihr langes Haar blond gefärbt.

»Das Wichtigste ist, dass wir unserem Führer den Rücken stärken. Wir müssen die Bevölkerung inspirieren. In unserem Programm bringen wir viele Songs, die Saddam Hussein unterstützen.«

»Haben Sie einen Lieblingssong?«

»Ja, alle.«

»Wie sieht es denn mit Songs aus, die vom Leben und der Liebe handeln?«

»Die Songs über Saddam Hussein sind schöner. Schöner und wichtiger«, versichert Satem. Sie erzählt, dass sich alle Mitarbeiter des Fernsehsenders an der Demonstration beteiligen.

»Was wäre passiert, wenn jemand keine Lust gehabt hätte, zu demonstrieren?«

»Nichts. Der Irak ist ein freies Land.«

Die Vorstellung des Tages ist beendet. Keiner ballt mehr die Fäuste und fuchtelt mit den Händen in der Luft. In kleinen Gruppen stehen alle da und unterhalten sich friedlich. Die Plakate werden eingesammelt. Lady Macbeth und Medea verschwinden mit schweren Schritten in der Menge. Der Vorhang fällt.

Geschäftige Börse in Bagdad

Während die Aktien im letzten Jahr fast überall in der Welt abgestürzt sind, gibt es eine Börse, wo dieser Trend nicht gilt: Die Börse in Bagdad. Im Verlauf der letzten drei Monate ist ihr Wert um 50 Prozent gestiegen. Irakischen Investoren sind die Kriegsdrohungen gleichgültig, und die Aktien der Chemiefabriken, Banken und Hotels wechseln rascher als je zuvor ihre Besitzer.

»Gestiegen«, sagt Telal Brahim zufrieden. »Um 5 Prozent in einer Woche. Sie haben uns also doch nicht kaputt gekriegt.« Es sind nicht irgendwelche Aktien, in die Telal investiert hat. Er hat Anteile an einer irakischen Chemiefabrik gekauft, der kürzlich die zweifelhafte Ehre zuteil wurde, unangemeldeten Besuch der UNO-Waffenkontrolleure zu erhalten.

»Provozierend, aber eigentlich ganz amüsant. Ich besitze Aktien dieses Betriebs und weiß, dass dort nichts Verbotenes hergestellt wird. Hier werden Plastikgegenstände produziert – Becher, Tüten und Flaschen. PVC-Produkte, aus ganz gewöhnlichem Plastik. Eine Fabrik für chemische Waffen würde schließlich nicht an der Börse auftauchen!« Telal lacht und hat dabei den Blick auf die Zahlen an der Tafel geheftet.

Hier werden die Kurse mit Filzschreiber und Schwamm justiert. Die Makler laufen zwischen den Kunden und der Tafel hin und her. Der Schnellste setzt sein Zeichen. Das Zeitalter der Elektronik hat die Börse von Bagdad noch nicht erreicht.

Diese hat die Größe einer Turnhalle und wird von einem stabilen Zaun geteilt. Auf der einen Seite, auf der auch die Tafel hängt, stehen die Makler. Hinter dem Zaun auf der anderen Seite warten die Käufer und Verkäufer. Die Börse wurde vor zehn Jahren eingerichtet, mitten in der schlimmsten Rezession der irakischen Wirtschaft. Trotz Sanktionen und Embargos hat der Handel ständig zugenommen. Der abgeriegelte irakische Markt folgt seinen eigenen Gesetzen. Hier können nur Iraker kaufen und das auch nur mit irakischen Dinar.

Die Wirtschaft des Landes wird von Experten als chaotisch bezeichnet. Das Chaos besteht aus Liberalisierung im Kleinen und Bürokratie und Planwirtschaft im Großen. Sanktionen, Embargos und eine rasende Inflation haben ihre Spuren hinterlassen. Während vor zwanzig Jahren noch etwa 30 Dinar für einen US-Dollar bezahlt wurden, muss man jetzt 2000 Dinar auf den Tisch legen. Aber Saddams Sozialismus hat viele Schlupflöcher. Schmuggel, Korruption und Geldwäsche breiten sich aus. Viele können nur so überleben. Die Behörden haben aufgehört, Zölle und Abgaben einzutreiben, und gleichzeitig unterliegt die Wirtschaft der genauesten Kontrolle der UNO-Kommission, die die Einhaltung der Sanktionen überwachen soll.

Im selben Dreimonatszeitraum, in dem die Börse um 50 Prozent gestiegen ist, betrug die Preissteigerung 5 Prozent, und der Dinar hat dem US-Dollar gegenüber 10 Prozent seines Wertes verloren.

»Aber das bedeutet nicht viel. Nur der Import wird vom Dollarkurs beeinflusst«, meint ein Makler. Der Gesamtwert von Iraks Aktienmarkt ist jedoch gering. Laut dem Vizedirektor der Börse, Taha Al Rubaai, beträgt er nur knapp 140 000 Millionen Euro. Der Preisindex Ende 2001 betrug 1612, Ende 2002 schließlich 1690 und beträgt heute 1730.

»Der Markt kocht. Vollkommen unerwartet!« sagt Aktienmakler Muhamed Ali. »Die meisten dachten, dass die Kurse wegen der Kriegsdrohungen fallen würden, und dann passierte genau das Gegenteil. Als wollten die Iraker unbedingt an ihre Wirtschaft glauben. Wer jetzt investiert, bekommt es später vielfach zurück. Vorausgesetzt, es gibt nicht einen langen und blutigen Krieg«, meint Muhamed, der 14 Jahre in London gewohnt hat und einen Doktortitel in Wirtschaftswissenschaften besitzt.

»London ist mein zweites Zuhause«, sagt er und prahlt gleichzeitig mit dem Mut der Iraker. »Eine Viertelmillion gegnerischer Soldaten steht an unseren Grenzen. Und statt das Land zu verlassen, investieren die Leute an der Börse. Imponierend, nicht wahr? Die Amerikaner sollen nur kommen. *They just want our goodies*!«, sagt er mit einem gedehnten Londoner Akzent, bevor ihm ein Kunde zuwinkt und er davoneilt.

Einer, der sich vom drohenden Krieg doch beeindrucken ließ, steht etwas traurig hinter der Absperrung und betrachtet die fieberhafte Aktivität. Yasir ist pensionierter Polizeibeamter und hatte seine ganzen Ersparnisse in eine Fahrradfabrik investiert. Weil er sich sicher war, dass der Krieg alle Werte zerstören würde, verkaufte er vor ein paar Monaten all seine Aktien. »Als ich verkaufte, war der Kurs elf Dinar. Jetzt steht er bei 18«, sagt er resigniert, als würde er sich diesen Panikverkauf nicht verzeihen. »Dreimal in der Woche komme ich her und schaue mir den Kurs an. Wenn er auf 15 gefallen ist, werde ich die Aktien zurückkaufen. So viel wie vorher bekomme ich natürlich nicht. Egal. Ich hoffe nur, dass der Kurs wieder fällt.«

Neben ihm steht eine ältere Dame mit braunem Kopftuch und starker Brille. Sie besitzt eine Million Dinar in Aktien der Bagdad Bank und hat regen Kontakt zu den Maklern. Während der Lebensstandard der meisten Leute in den letzten zehn Jahren kräftig gesunken ist, hat Suham Geld verdient, zumindest auf dem Papier. »Ich habe mehr Geld als zu Beginn der Sanktionen. Aber ich nehme das nicht so ernst, das ist einfach mein Hobby«, entschuldigt sie sich lächelnd. Sie ist Ärztin und besitzt eine Klinik, die auf Frauenkrankheiten spezialisiert ist. »Für die meisten ist es schlechter geworden«, gibt sie zu. »Die Leute kommen wirklich mit schlimmen Sachen zu mir, und viele haben kein Geld, um die Behandlung zu bezahlen. In diesem Land gibt es viel Elend.«

»Auf Wiedersehen, Frau Doktor«, sagt einer der Makler, als die Börse schließt. »Bis dann«, entgegnet Suham, ehe sie durch die Tür tritt und wieder ins wirkliche Leben eintaucht – zu den Patienten, die sich ihre Dienste nicht leisten können. Sie selbst gehört zu den Gewinnern. Sie ist Dinar-Millionärin, zumindest auf der Tafel.

FREITAG, 24. JANUAR 2003

Krähen, Krokodile und Inspektorenwalzer

Nach einem Fernsehabend im Irak weiß man zumindest das: Saddam Hussein legt sehr viel Wert auf sein Äußeres, Amerika soll bald bluten, und Waffeninspektoren können keinen Walzer tanzen.

Irak bereitet sich auf den Krieg vor. Nicht, dass man das in den verschlafenen Straßen Bagdads merken würde, aber man sieht es zu Hause – im Fernsehen. Um zu zeigen, dass der Irak große Pläne schmiedet, sind in der letzten Woche täglich Berichte über die Treffen des Präsidenten mit seinem militärischen Rat gesendet worden. Das ist an sich nichts Ungewöhnliches, neu ist jedoch, dass Saddam Hussein jeden Tag neue Statements abgegeben hat. Zuvor waren ständig dieselben alten Aufnahmen gesendet worden.

Bei Besprechungen sitzt Saddam Hussein immer mit einer Zigarre in der Hand am Ende des Tisches. Neben ihm haben der Verteidigungsminister Sultan Hachem Akhad Platz genommen sowie sein Sohn und Erbe Qusay, der Chef des Sicherheitsdienstes. Es hat den Anschein, als wolle Saddam Hussein seiner kriegsmüden Bevölkerung nahe bringen, die einzige Alternative sei ein weiterer Kampf. Seine Rhetorik läuft nicht etwa auf Zusammenarbeit mit der UNO oder den Inspektoren hinaus, sondern auf Konfrontation.

»Der Irak ist bereit zum Kampf, bereit, sich zu verteidigen. Bagdads Einwohner sind fest entschlossen, die modernen Mongolen dazu zu bringen, vor den Toren der Stadt Selbstmord zu begehen«, äußerte Saddam Hussein unlängst. Mit den modernen Mongolen sind die Amerikaner gemeint. Die richtigen Mongolen hatten Bagdad im 13. Jahrhundert eingenommen.

»Nur die Krähen und Krokodile des Westens wagen zu glauben, dass sie Bagdad erobern können, aber ihre teuflischen Pläne werden misslingen, und ihre Pfeile werden sich gegen sie selbst richten«, schloss Saddam Hussein.

Diese Aufnahmen werden immer wieder gesendet, mehrere Dutzend Male flimmern sie an einem Abend über die Mattscheibe und werden dann die restliche Woche wiederholt.

Die Konferenzen dieser Woche wurden oft ohne den richtigen Ton, sondern nur begleitet von schmachtenden Geigenklängen gesendet. Saddam Hussein schlägt mit seiner Zigarre den Takt. Manchmal ist zu hören, was er sagt. Eine Regel wird im irakischen Fernsehen jedoch immer eingehalten: Keine andere Stimme kommt zu Wort. Wenn einer der militärischen Befehlshaber etwas sagt, wird die Violinmusik eingeblendet. Erst wenn Saddam Hussein zu einer Erwiderung ansetzt, kehrt der Originalton zurück.

Egal wann es sich die Bevölkerung des Irak vor dem Fernsehapparat bequem macht, sie bekommt Saddam Hussein zu sehen. In den Nachrichten, in Musiksendungen und in Unterhaltungsprogrammen. Unablässig werden Musikvideos in den Pausen zwischen der Kriegshetze gezeigt. In ihnen gibt es nur einen Mann und eine Botschaft: Saddam!

Im Verlauf eines Musikvideos, in dem die Kamera nur gelegentlich auf den Sänger gerichtet ist, tritt Saddam Hussein in allen möglichen Verkleidungen auf: in Uniform, schwarzem Anzug, weißem Hemd und Hosenträgern, grünem Tiroler Lodenhut mit Feder, schwarzer Skimütze, Turban, Palästinatuch, Schafspelzmütze und argentinischem Bolero. Der Favorit dieser Woche: Weißer Anzug mit rosa Schlips und Mafiosisonnenbrille. Meist fuchtelt er auch mit einem Gewehr herum.

Neben Saddam tauchen immer wieder Bauarbeiter in den Musikvideos auf. Unablässig wird gehämmert und gemauert – das Land wird aufgebaut. Oder es werden Bilder von Babylon gezeigt, Ruinen historischer Bauwerke, Kamele in der Wüste, riesige Stromschnellen und Sonnenuntergänge, abwechselnd mit Jagdflugzeugen, Flugzeugträgern und marschierenden Soldaten.

Ab und zu werden einem auch die Antikriegsdemonstrationen auf der ganzen Welt vorgeführt. Darüber berichtet das irakische Fernsehen ausführlich. Denn es war auch ein Mann dabei, der mit einem Bild von Saddam Hussein herumlief.

Selbst den Waffeninspektoren hat man ein eigenes Video gewidmet. Im Walzertakt. Nachdem Saddam Hussein seine Kleider zu patriotischen, traditionellen Liedern vorführen durfte, dröhnt klassische Musik aus dem Apparat. Ein Iraker droht im Takt der Musik mit dem Zeigefinger. Er ist von tölpelhaften Waffeninspektoren umgeben. Ein paar lauschen, einige sehen zu Boden und andere in die Luft. Die Fernsehzuschauer hören nicht, was gesagt wird, aber eines scheint sicher: Der belehrende Iraker hat Recht. Er weist die einfältigen Waffeninspektoren in die Schranken. Mit ihren Rucksäcken und Schirmmützen erinnern sie an eine Schulklasse beim Ausflug. Keiner scheint recht zu wissen, wo er sich befindet und worauf er den Blick richten soll. Die Aufnahmen erwecken den Anschein, als seien die Waffeninspektoren in den Irak gekommen, um etwas zu lernen. Wir sehen nie, dass sie tatsächlich etwas kontrollieren, nur dass sie einen Bescheid nach dem anderen erhalten. Das Video wird immer wieder gezeigt, in den Nachrichtensendungen und auch sonst, in einem Takt, der dem irakischen Publikum fremdartig und dekadent erscheinen muss. Diesen Takt können nicht einmal die Waffeninspektoren halten. Nur der Zeigefinger hält den Takt, eins, zwei, drei.

Manchmal vertraut Saddam Hussein der Bevölkerung zwischen den Aufforderungen, zu kämpfen und das Land zu verteidigen, private Betrachtungen an. »Mit dem Einschlafen habe ich nie Probleme. Ich schlafe in dem Moment ein, in dem ich den Kopf auf das Kissen lege«, sagte er neulich in einer ungewöhnlich persönlichen Fernsehansprache. »Schlaftabletten schlucke ich nie«, teilte er seinem Volk mit. Gelegentlich hat er auch schon einmal ein Wort des Trostes parat. Dann bittet er die Zuschauer, sich keine Sorgen zu machen.

»Selbst wenn ihr seht, dass ich nicht immer lächle, braucht ihr keine Angst zu haben«, sagte er väterlich. »Denn das Lächeln ist immer da. Es ist da, weil ich den rechten Weg gewählt habe. Ich lächle, weil die Zionisten und Amerikaner geopfert werden. Sie hätten sich ein kleines Land aussuchen sollen, um es zu bekämpfen, nicht den großen, mächtigen Irak!«

»Gute Nacht! Schlaft gut! Ich wache über euch!«

Dann reitet er langsam aus dem Bild, auf einem weißen Pferd und direkt in den Sonnenuntergang.

SAMSTAG, 25. JANUAR 2003

Kinder der Angst

Saddam Hussein betreibt in seinen Reden Kriegshetze, und irakische Kinder hören ihm in den Wohnzimmern des ganzen Landes zu. Einiges kapieren sie, den Rest erraten sie. Viele leiden am Trauma früherer Bombenangriffe. Sie befürchten, dass erneut Bomben fallen könnten. Eine Studie belegt, dass vier von fünf irakischen Kindern nicht daran glauben, jemals erwachsen zu werden. Neun von zehn sind davon überzeugt, dass ihren Familien etwas Schreckliches zustoßen wird.

»Hast du vor etwas Angst?«

»Mein Bruder hat vor Hunden Angst.«

»Und du?«

»Ich habe vor gar nichts Angst.«

Hamza sieht den Kinderpsychologen Magne Raundalen an. Er fingert an einem Knopf seiner Latzhose. Der Kinderpsychologe fragt ein weiteres Mal.

»Du hast also vor überhaupt nichts Angst?«

Hamza starrt den Mann mit den Fragen an und schweigt trotzig. Niemand sagt etwas. Schließlich gelangt Hamza zu der Überzeugung, dass es erlaubt sein muss, Angst zu haben, wenn man sieben Jahre alt ist.

»Ich habe Angst, dass meine Mutter und mein Vater sterben könnten«, sagt er und schaut zu Boden. »Davor, dass ich dann allein bin. Viele Angehörige meiner Familie sind schon getötet worden. Ich habe Angst davor, dass die Amerikaner uns erschießen. Oder dass sie Waffen verwenden, die uns gefährliche Krankheiten bringen. Es gibt Waffen, bei denen merkt man nicht einmal sofort, dass man krank wird. Dann geht es einem plötzlich wahnsinnig schlecht, und man hat fürchterliche Schmerzen, schließlich stirbt man.«

»Wer hat denn diese Waffen?«

»Bush und Sharon haben die.«

»Warum?«

»Das weiß ich nicht. Darüber dürfen wir nicht sprechen.«

An diesem Ruhetag haben sich alle bei Abo Khan, Großvater Khan, versammelt. Er hat seine ganze Familie in seinem Wohnzimmer um sich versammelt, seine acht Kinder und seine etwa dreißig Enkel. Sie wollten gerade zu Abend essen, als der Kinderpsychologe Magne Raundalen bei ihnen anklopfte. Raundalen und sein Kollege, der Krisenpsychologe Atle Dyregrov, machen bei Familien in Bagdad die Runde, um sich mit den Kindern zu unterhalten. Bereits drei Mal waren sie in Bagdad, um die Traumata und die Lebensbedingungen der Kinder nach dem Golfkrieg zu untersuchen. Jetzt setzen sie ihre Forschungen darüber fort, welche Traumata und psychologischen Probleme bei Kindern auftreten, die einen Krieg erwarten.

Nachdem er Abo Khan seine Arbeit erläutert hat, wird Magne Raundalen von diesem hereingebeten. Er ist ein energischer Gast: Er bittet die Eltern, sich im Hintergrund zu halten und sich nicht einzumischen, und sammelt dann die Kinder um sich. »Normalerweise bitte ich die Eltern, das Zimmer zu verlassen, aber hier ist das unmöglich, schließlich sind wir mitten in ein Familientreffen hineingeplatzt.«

Raundalen und Dyregrov entscheiden nie im Voraus, wen sie befragen wollen. Sie fahren einfach in irgendeine Straße in den unterschiedlichsten Stadtteilen, und einer nimmt sich die Häuser auf der rechten, der andere die auf der linken Seite vor. Außerdem haben sie zum Sammeln von Untersuchungsmaterial mehrere Schulen besucht. Sie arbeiten bei dieser Studie mit einem Ärzteteam aus Kanada zusammen und mehreren Experten für Gesundheitsfragen, internationales Recht und Krisensituationen. Die Untersuchung wird in drei irakischen Städten durchgeführt, in Bagdad, Basra und Kerbela.

Die vier Cousinen Shahad, Hind, Sahar und Reem sitzen zusammen auf einem Sessel. Nachdem die kleinen Jungen sich geäußert haben, kommen sie an die Reihe, die Fragen des Kinderpsychologen zu beantworten.

»Manchmal kann ich nachts nicht schlafen, weil ich daran denke, dass Bomben fallen könnten«, erzählt die elfjährige Shahad. »Ich träume, dass die ganze Familie zu Hause ist und dass wir nicht weglaufen können. In dem Moment, in dem die Bombe explodiert, wache ich auf. Mama hat von Menschen erzählt, die bei lebendigem Leib verbrannt sind.«

»Wir können dem Feind widerstehen. Wir sind stark, und wir werden kämpfen«, sagt die 15-jährige Reem und erzählt, dass der Feind Amerika sei. »Wie die Palästinenser auch bekämpfen wir den Zionismus und Amerika. Wir sind eingesperrt wie sie. Wir müssen zusehen, dass die Ausländer aus unserem Land verschwinden.«

»Das ist typisch«, erklärt Raundalen anschließend. »Die Zehnjährigen wissen bereits, was sie antworten sollen. Sie gebrauchen dieselben Worte wie Saddam Hussein. Die kleineren Kinder bringen alles durcheinander, Angst, Phantasie und Dinge, die sie aufgeschnappt haben.«

Kinder und Jugendliche im Irak haben gelernt, dass der Westen die arabische Welt zu dominieren versucht, um Kontrolle über die Ölreserven zu erlangen. Viele sehen die Sanktionen als einen Teil dieses Kampfes. Der Irak soll geschwächt und unterentwickelt bleiben. Das Gefühl ist stark verbreitet, sich einem mächtigen Feind gegenüberzusehen.

»Ich glaube trotzdem nicht, dass sie viele Kinder töten werden«, sagt Shahad plötzlich. »Niemand würde das billigen. Ich glaube, dass alle Mitleid mit uns hätten, da wir friedfertig sind und nicht die Absicht haben, jemanden anzugreifen«, meint sie vorsichtig. Die anderen sind anderer Meinung. »Doch, sie werden uns bombardieren. Das ist ganz sicher«, sagt Reem. »Aber wenn Bush im Fernsehen die irakischen Kinder sieht, wird er das noch bereuen.«

Raundalen macht sich Notizen und fragt dann, ob sie ihr Inneres zeichnen könnten. Wie groß ihre Angst, wie groß ihre Trauer und wie groß ihre Wut sei? Sie zeichnen Kreise und teilen sie ein. Bei Shahad ist die Angst am größten, Reem ist hauptsächlich wütend.

»Die Medien sind die Mutter der Angst«, erklärt Raundalen. »Die Kinder sprechen nur selten mit ihren Eltern über das, was sie im Fernsehen sehen. Sie merken es sich einfach. Nachts, oder wenn sie allein sind, kommt dann die Sorge. Die Hauptangst der Kinder ist, nach einem Krieg allein dazustehen«, sagt der Psychologe, der schon seit Jahrzehnten mit Kindern in Kriegs- oder Krisensituationen arbeitet. Die vorläufigen Zahlen der Untersuchung zeigen, dass 44 Prozent der Kinder an Schlafstörungen leiden, 61 Prozent ständig Kopfschmerzen haben und 58 Prozent fühlen, dass niemand wirklich versteht, was sie empfinden.

Für den Fall, dass die Medien nicht schon genug Angst verbreitet haben, legt Großvater Khan nach: »Ich war Soldat, als uns die Engländer 1941 angriffen. Das war fürchterlich. Aber der Golfkrieg und die Bomben der Amerikaner waren noch schlimmer. Und dieser Krieg wird die Hölle, und wissen Sie, warum? Die Waffen sind noch größer und stärker. Sich vor ihnen zu schützen, ist unmöglich. Diese neuen Bomben werden uns alle töten. Aber wir werden kämpfen«, verspricht er, steht auf und droht mit dem Zeigefinger.

Der Psychologe bedankt sich. Die Kinder gehen zum Spielen nach draußen. In ein paar Tagen wird der Sicherheitsrat beraten, was im Irak geschehen soll.

MONTAG, 27. JANUAR 2003

Mein Tagebuch nehme ich mit und meinen Schmuck

»Ein ganz gewöhnlicher Tag, ein Tag wie jeder andere«, sagte Iraks Außenminister Naji Sabri gestern in Bagdad. Iraks Führung misst den Berichten der UNO-Waffeninspektoren keine Bedeutung bei. Aber für Noor und ihre Freundinnen war es kein gewöhnlicher Tag.

»Vielleicht sehen wir uns im Paradies wieder«, sagt Noor.

»Sag sowas nicht«, erwidert Hadil. »Du bringst mich nur zum Weinen.«

Die 19-jährigen sitzen mit ein paar Freundinnen in einem Café in Bagdad – das Abschiedsessen. Am nächsten Morgen muss Noor abreisen. Ihre Eltern fürchten, dass der Krieg in wenigen Tagen beginnen wird, und wollen den Irak verlassen.

»Wir fahren nach Jordanien«, erzählt Noor. Ihre Familie gehört zu den wenigen, die sich bereits entschlossen haben, aus Angst vor den Bomben aus dem Land zu fliehen. Außerdem haben sie die Möglichkeit dazu. Wenige Länder lassen jetzt noch Iraker einreisen, und Saddam Hussein lässt keine Massenflucht aus dem Irak zu. Aber Noor hat Verwandte in Jordanien.

Hadil kann nicht reisen. »Mein Vater ist Major. Er muss unser Land verteidigen, falls wir angegriffen werden. Wer soll das tun, wenn nicht er?«, will sie wissen. »Wenn wir sterben, dann sterben wir zusammen.«

»Niemand will diesen Krieg«, meint Noor. »Nur die Amerikaner. Die wollen unser Öl. Alle hier haben eine wahnsinnige Angst, obwohl sie sagen, dass wir die Bomben nicht fürchten.

Seltsam, dass die Amerikaner das nicht begreifen. Gerade die sollten nach dem 11. September wissen, was Angst ist…«

Die fünf Freundinnen am Tisch sind tadellos geschminkt und gut gekleidet. Sie studieren im dritten Semester Medizin in Bagdad. Keine trägt ein Kopftuch, was sich in letzter Zeit bei den Frauen in Bagdad immer mehr ausbreitet. Ganz offensichtlich gehören sie zu Bagdads gehobener Mittelklasse. Diese hat auch die besten Möglichkeiten, das Land zu verlassen, weil ein Teil der Verwandten im Ausland wohnt. Noor hat einen Bruder in London. »Dort habe ich auch diese Kleider gekauft«, sagt sie über ihren westlichen Hosenanzug aus Cord. »Bei H&M«, meint sie noch stolz, ehe sie sich wieder an den traurigen Abschied erinnert, der ihr an diesem Tag bevorsteht.

»Sie haben angefangen, auf dem Universitätsgelände Brunnen zu graben. Heute Morgen habe ich das gesehen«, erzählt Isra. »Wir haben zu Hause im Garten auch einen ausgehoben«, meint ihre Freundin Mona. Die Wasser- und Stromversorgung bricht in einem Krieg als Erstes zusammen. Wer keinen eigenen Brunnen graben kann, lagert Wasser in Kannen und Eimern. Alle kaufen Gasöfen, Gaslampen, Laternen und Batterien.

Viele in Bagdad reagieren apathisch und resigniert, wenn die Sprache auf den Krieg kommt. Die jungen Frauen jedoch sind entrüstet. »Ich weiß, dass die meisten Europäer gegen einen Krieg sind. Sogar die meisten Briten. Aber können sie Blair beeinflussen? Ich habe in den Nachrichten gesehen, dass auf den Straßen Londons demonstriert wird. Hilft das?«, will Nadil wissen, die in einer Moschee gebetet und Kerzen in einer Kirche angezündet hat, um Gott auf beiden Ohren zu erreichen – so lautet ihre Erklärung jedenfalls.

»Ich frage mich, ob ich unser Haus je wiedersehe«, sagt Noor traurig. »Ich nehme meinen Schmuck mit, Fotos, Lehrbücher und meine Tagebücher. Meine Tagebücher lasse ich nicht hier, die sind mein Leben«, meint Noor, ehe sie geht. Sie will zu ihrer Großmutter und Abschied nehmen. Die alte Frau weigert sich, Bagdad zu verlassen.

Ehe die Mädchen gehen, bitte ich sie um ihre Telefonnummern. Wenig später eilt Nadil ins Café zurück, neben sich einen Mann, der außer sich ist. Das ist ihr Vater. Er bittet um mein Notizbuch und reißt die Seite mit den Telefonnummern heraus.

»Sie dürfen uns nicht anrufen, niemals!«, zischt er. Er zittert vor Wut, oder ist das Angst? Irakischen Militärangehörigen ist es strengstens verboten, Kontakt zu Ausländern zu haben.

Bebend steht Nadil hinter ihrem Vater, dem Heeresmajor, der den Irak gegen die Bomben verteidigen soll.

Sieben fette und all die mageren Jahre

»Einmal«, erzählen die Iraker nostalgisch, »da waren wir die erste Zivilisation der Geschichte: Assyrer, Sumerer, Babylonier. Wir konnten den gesamten Mittleren Osten ernähren. Aber die Erinnerung an diese goldene Vergangenheit vermag die traurige Gegenwart nicht zu überstrahlen. Eine Gegenwart, in der die Mitläufer und kleinen Könige des Schwarzmarkts immer fetter werden, während der Rest der Bevölkerung in Angst und Armut lebt und unterdrückt wird.

Sieben fette Fische aus dem Tigris schwimmen gemächlich in dem runden Steinbassin. Ruhig schwenken sie ihre Schwanzflossen. Manchmal schwimmt einer von ihnen an die Oberfläche, und seine rötliche Haut schimmert in der Sonne. Im Wind schwanken kleine Palmen über dem Becken und dem ordentlich gemähten Rasen. Am Grill steht Ali und wartet darauf, dass jemand gegrillten Fisch bestellt. Langsam füllt sich das Restaurant. Die Luft ist immer noch winterlich. Die Wärme kommt erst im März, aber das Restaurant verfügt über Öfen und offene Kamine im Freien.

Heizkörper werden unter die Tische gestellt, denn wer warme Beine hat, der friert nicht. Etwa zwanzig Kellner in frisch gebügelten Anzügen gehorchen dem kleinsten Wink. »Früher war es hier immer voll. Hierher kamen ganz normale Menschen«, erzählt Ali, während er die Flammen mit etwas Wasser abschwächt. »Die Leute haben jedoch nicht mehr so viel Geld. Sie essen zu Hause.«

Ali verdient 60 Euro im Monat. Das reicht für ihn und seine Familie und ist nach irakischem Maßstab ein vergleichsweise guter Lohn. Die Kellner verdienen 25 Euro. »Nicht genug, nicht genug«, flüstert einer von ihnen im Vorbeigehen, während er den Tisch deckt. Es ist am sichersten, nicht mit Ausländern zu sprechen. Die Wände des Restaurants haben Ohren. Wer sich beklagt, ist kein Patriot.

Muhammed ist einer von denen, die es sich leisten können, gegrillten Fisch zu essen. Er war drüben bei Ali und hat sich den fettesten Fisch ausgesucht. Früher besaß er eine Möbelfabrik, aber die musste er wegen der Sanktionen verkaufen. Jetzt regelt der Geschäftsmann mittleren Alters einfach Dinge für andere. Was genau das bedeutet, das vertieft er nicht weiter.

»Das System, das System … Viele sind ärmer geworden und nur wenige reicher. Und die sitzen hier«, sagt er und deutet mit einer fast unsichtbaren Kopfbewegung zu den anderen Gästen hin. Ein paar Tische weiter sitzen vier Männer mit dicken Goldketten, schwarzen Aktenkoffern und Handys. Die Handys sind so groß wie Walkie-Talkies, Artikel, die von den Behörden streng kontrolliert werden und die sich nur sehr wenige leisten können.

Plötzlich füllt sich das Restaurant. Etwa fünfzig Männer in Anzügen treten ein und beanspruchen mit größter Selbstverständlichkeit das halbe Restaurant für sich. »Vom Handelsministerium«, flüstert Muhammed. »Die sind wichtig, die haben Geld. Wer dazugehört, wird reich.« Er meint damit diejenigen, die Saddam Hussein unterstützen. »Alles Geschäftsleute und die Chefs in den Ministerien. Aber das Schwert hängt nie sonderlich hoch über ihren Köpfen. Wer sich beklagt oder abspringt, dessen Kopf rollt«, erklärt er. »Ich bin selbst bei der Partei«, fährt er fort. »Ich habe elf Kinder. Die ältesten sind schon auf der Universität. Mir bleibt nichts anderes übrig. Aber ständig lebe ich mit dieser Angst vor dem Schwert.«

Das sind keine leeren Worte. Saddam Husseins Regime ist mit Hilfe eines komplizierten Systems aus Spitzeln, Gewalt und Brutalität an der Macht geblieben. Jede Form der Abweichung und Opposition wird im Keim erstickt. Das System beruht auf einer Kombination von Angst und einem komplexen Sicherheitsnetzwerk, aber auch auf der Möglichkeit, sich an Iraks geschlossenem inneren Markt zu bereichern.

Die Sanktionen haben die Wirtschaft des Landes und die Kaufkraft der meisten Iraker geschwächt, aber der zunehmende Schmuggelhandel hat einige wenige reich gemacht. Die Sanktionen haben die Menschen abhängiger von dem Regime gemacht, das eigentlich geschwächt werden sollte. Die UN-Maßnahmen haben das Land von der Umwelt isoliert, und es ist leichter geworden, Anhänger des Regimes zu belohnen und Gegner zu bestrafen. Es ist fast unmöglich, etwas zu unternehmen, ohne dass das Regime es erfährt.

Saddam Hussein sorgt dafür, dass die Iraker halbwegs satt werden, indem er die Grundnahrungsmittel rationiert. Gleichzeitig macht es ihm das Monopol, dessen Entstehung die Sanktionen erzwungen haben, einfach, mächtige Anhänger, die sich ohnehin schon bereichert haben, zu belohnen. Aber diese dürfen nicht zu mächtig oder unabhängig werden. Das Regime verurteilt immer noch Leute wegen Korruption oder illegaler wirtschaftlicher Betätigung als Warnung zum Tod. Der private Sektor soll nicht zu eigenmächtig werden.

Die Einkaufsstraße Al Arasat ist Bagdads Champs-Elysées. Hier kann man exklusive Armani-Anzüge kaufen, weiche, mit Samt bezogene Sofas, alle Arten von Zigarren, Parfüm und andere Luxusartikel. Hier werden die letzten noch im Handel erhältlichen Computer angeboten, und die Läden sind voll von exklusiven Fernsehapparaten, Stereoanlagen, Videospielen und anderen elektronischen Geräten. Trotz der Sanktionen, trotz des Importverbots.

Aber auch der Al Arasat ist anzumerken, dass sie bessere Tage gesehen hat. An mehreren Stellen wird der Bürgersteig von Trampelpfaden unterbrochen. Überall liegt Müll. Die Neonreklamen sind jedoch frisch geputzt. Hier befindet sich auch der Nachtclub mit Restaurant »Black and White« mit großem Pool im Garten. Hier feiern die Wohlhabenden ihre Hochzeiten und Namenstage, und hier sind westliche Musikvideos zu sehen, was bei den staatlichen Fernsehsendern undenkbar wäre. Hier darf man auch Alkohol trinken, sofern man ihn selbst mitbringt. Das Glas muss diskret gefüllt werden und die Flasche dann sofort wieder unter dem Tisch verschwinden. Früher war der Irak eines der liberalsten Länder in der arabischen Welt, bis vor einigen Jahren Saddam auf die Idee kam, dass der Islam ihm helfen könne. Alkohol verschwand aus den Restaurants, und die Zahl der Frauen mit Kopftuch auf den Straßen nahm erheblich zu. Sogar Saddam, der sich früher am liebsten mit einem Gewehr porträtieren ließ, wurde zukünftig immer beim Gebet abgebildet.

Die Hyperinflation der neunziger Jahre hat das soziale Gefüge im Land fundamental verändert. Früher gab es im Irak eine gut ausgebildete und wohlhabende Mittelklasse und den geringsten Anteil an Analphabeten innerhalb der arabischen Welt. Die einfachen Arbeiter sind jetzt die Verlierer. Viele von ihnen sind vollkommen verarmt.

Eine Viertelstunde mit dem Auto entfernt in einem armen Stadtteil von Bagdad wartet Wahida mit ihrem Sohn auf ihre monatliche Lebensmittelration. Hier sind die Straßen schon seit Jahren nicht mehr asphaltiert worden und voller Schlaglöcher. Die Türen der kleinen Läden und der Häuser hängen schief. Heute sollen sie Lebensmittel für zwei Monate erhalten. Da niemand einschätzen kann, wie es im nächsten Monat mit den Möglichkeiten aussieht, Lebensmittel zu liefern, hat die UNO erstmals zwei Monate zusammengelegt. In den letzten sieben Jahren hat Wahida ihre Grundbedürfnisse mit Hilfe des UN-Programms »Öl für Lebensmittel« gedeckt. Dieses Programm erlaubt es dem Irak, Öl zu exportieren, solange die Einnahmen humanitärer Hilfe vorbehalten bleiben. Heute werden etwa zwei Millionen Barrel Öl am Tag zu diesem Zweck exportiert.

Die Agenten – so werden die Verteiler der Lebensmittel genannt – wiegen alles auf einer Waage mit riesigen Eisengewichten ab. Jeder Iraker bekommt im Monat 9 kg Weizenmehl, 3 kg Reis, 2 kg Zucker, 200 g Tee, 1/2 Kilo Waschpulver und 1/4 Kilo Seife. Zusätzlich erhält er noch kleinere Mengen an Bohnen, Erbsen, Speiseöl, Salz und Trockenmilch.

Seit das »Öl für Lebensmittel«-Programm 1996 eingeführt wurde, ist die Zahl der Unter- und Falschernährten gesunken. Bereits seit 1991 hatten die Iraker mit den Sanktionen gelebt, mit denen Saddam Hussein zum Verlassen von Kuwait gezwungen werden sollte. Doch obwohl das »Öl für Lebensmittel«-Programm geholfen hat, leidet ein Viertel der irakischen Kinder immer noch an chronischer Unterernährung. Diarrhö und Falschernährung sind die häufigsten Todesursachen bei Kindern.

Die Agentin in diesem Stadtteil heißt Karima. Sie betreibt einen kleinen Gemischtwarenladen, den sie übernommen hat, nachdem ihr Mann gestorben ist. »Früher hatten wir drei Sorten Tee, alle möglichen Plätzchen, Seife in jeder Farbe und unterschiedlich parfumiert. Heute habe ich eine Sorte Tee, eine Seife und keine Plätzchen. Wenn die Leute Tee als Bestandteil ihrer Ration erhalten, kaufen sie keinen Tee mehr zusätzlich, es sei denn, sie haben einen ganz besonderen Grund. Der Tee, den sie über das Rationierungsprogramm erhalten, ist mittelprächtig, wie alles andere auch, was wir bekommen – nicht gut und auch nicht schlecht. So ist es auch mit dem Mehl, es ist nicht das feinste, aber auch nicht das gröbste. Alles ist eben mittelmäßig …«

Wahida nickt zustimmend, während ihr Sohn riesige Säcke nach draußen schleppt, die Ration für alle Familienmitglieder. Lebensmittel werden von dem Regime stark subventioniert. Jeder bezahlt 250 Dinar, etwa 10 Cent. Aber bei einem durchschnittlichen Monatslohn von 5 Euro verschwindet der Rest rasch. Wollen sie mehr, so kostet das Geld, und die meisten sparen schon, wo es geht – am Essen, an den Kleidern, an der Miete. »Das Leben ist härter geworden«, räumt Wahida ein. »Früher war ich nur Hausfrau und habe für meine Familie gesorgt. Jetzt stehe ich jeden Morgen um fünf Uhr auf und stelle Käse und Joghurt her, um beides auf der Straße auf einem Tisch vor unserem Haus zu verkaufen. Erst am Nachmittag komme ich nach Hause und kann mich um meine eigene Familie kümmern.« Sie seufzt. Wie viele Iraker hat auch ihr Mann inzwischen zwei Jobs.

Die kleine, schwarz gekleidete Frau verschwindet aus dem Laden. Dem Türkischen Honig, den Sonnenblumenkernen und den Nussmischungen schenkt sie keine Beachtung, genauso wenig der kleinen Auswahl an Shampoos und Zahnpasta, die Karima im Angebot hat. Alle verbrauchen immer weniger von allem. Das Viertel Kilo Seife, das zur Ration gehört, wird für alles verwendet – Haut, Haar und Hände. Sofern man es sich erlauben kann – und das können nicht alle –, wird ein Teil der Ration auf dem Markt weiterverkauft.

Wahida und ihr Sohn laden die Waren in ein verrostetes Auto, das sie geliehen haben. Nostalgisch erinnert sich die ältere Frau daran, wie es war, als die Iraker ihren Ölreichtum noch genießen konnten. »Es war einmal, da bekamen die Kinder noch Bücher in der Schule, da waren vier Millionen Menschen noch nicht aus dem Land geflohen, da hatten die Leute ihre Bücher noch nicht für ein Stück Fleisch oder Antibiotika verkauft.« Müde macht sie eine Handbewegung Richtung Fenster, ehe sie davonhumpelt. »Es war einmal, da hat man noch gelebt…«

Nam, nam, Saddam!

Selbstmordattentäter und Hausfrauen, Großväter und Zwölfjährige lassen in der Stadt Mosul im Norden Iraks ihre Muskeln spielen. Freiwillige Soldaten aus dem Teil des Irak, der ethnisch am meisten gemischt ist, marschieren auf Kommando, um den Amerikanern zu zeigen, dass sie zum Kämpfen bereit sind.

In seiner traditionellen kurdischen Tracht, weite Hosen, Hemd und geblümte Schärpe, marschiert er im Stechschritt. An seinem Turban stecken sieben Plastikrosen. Hinter den Rosen ist ein Bild von Saddam Hussein festgesteckt. Vorne an den Turban hat er ein weiteres Bild von Präsident Saddam Hussein geklebt, und ein drittes ist an seiner Brust befestigt.

Er grüßt nach rechts, dort sitzen Iraks Machthaber auf einer Tribüne, dann nach links, dort steht die Bevölkerung. An einige von ihnen wurden große Pappschilder verteilt. Wenn »Nam, nam, Saddam« (Ja, ja, Saddam) gerufen wird, halten sie sie hoch, und wie ein Mosaik entsteht ein riesiges Porträt Saddam Husseins. Neben ihm taucht ein Bild des kurdischen Kriegers Saladin auf, der die Kreuzfahrer 1187 aus Jerusalem vertrieb. Dieses Bild wird von den Kinder aus Tikrit, der Nachbarstadt, zusammengesetzt.

Der Kurde mit den Rosen marschiert zusammen mit zehntausend anderen. Die Reservetruppen lassen an diesem Tag ihre Muskeln spielen. Morgen will Colin Powell der Welt die entscheidenden Beweise gegen ihren Präsidenten vorlegen. Die Reservetruppe trägt als symbolische Unterstützung der

Palästinenser den Namen Al Quds – Jerusalem – und wurde von Saddam Hussein im Frühjahr 2001 ins Leben gerufen. Diese Brigade sollte eingesetzt werden, um Jerusalem von den Israelis zu befreien. Al Quds ist ein Heer aus Freiwilligen, rund ein Drittel der Iraker gehört automatisch durch ihren Arbeitsplatz, ihr Wohnviertel und ihre Stammeszugehörigkeit dazu, aber vor allem durch die Baath-Partei, die sozialistische Partei Saddam Husseins. Innerhalb von Al Quds gibt es auch eine gut ausgebildete paramilitärische Einheit. Das sind Saddam Husseins Elitesoldaten.

Die Morgenluft vom Tigris, der ruhig durch Mosul, die zweitgrößte Stadt des Irak an der Grenze zu Kurdistan, fließt, ist kühl. Hier wohnen Araber, Armenier, Kurden, Syrer, Turkmenen, Juden, Moslems und Christen. Stolz ragen Moscheen und Kirchen Seite an Seite auf. In der irakischen Geschichte hat Mosul, eine Stadt, die seit achttausend Jahren existiert, als eine der letzten Bastionen des assyrischen Reiches eine wichtige Rolle gespielt. Die Stadt ist würdig, Schauplatz der ersten großen Manifestation zu sein, seit sich der Konflikt zwischen den USA und dem Irak zugespitzt hat.

Arbeiter und Bauern, Lehrer und Rentner gehen nebeneinander her. Einige in Uniform, andere in ihrer Arbeitskleidung. Die meisten Frauen tragen eigene Kleider, Blusen mit Spitze, Strickjacken, Röcke mit Schlitz, Faltenröcke und Glockenröcke. Jede Einheit hat eine eigene Farbe. Die meisten Frauen tragen weiße Oberteile und schwarze Röcke. Viele haben außerdem eine Schärpe umgebunden, in den Farben des Irak und Palästinas. Auf einigen Schärpen stehen Parolen: »Lass den Mut nicht sinken, du bist Iraker!«

»Wir werden die Amerikaner verspeisen wie Kaninchen, falls sie es wagen, den Irak anzugreifen«, droht Muntaha al Hadi. »Wir werden uns mit Stöcken und Steinen verteidigen, und wir werden unser Öl lieber trinken, als es den Amerikanern zu überlassen.« Muntaha ist eine der Freiwilligen. Sie hat in den letzten zwei Jahren dreimal mit Al Quds trainiert. Jedes Mal für zwei Monate. »Ausbildung an Waffen und Funkgeräten und im Verfassen von militärischen Lageberichten. Zuletzt haben wir auch den Einsatz schwererer Artillerie geübt. Außerdem haben wir einen Überlebenskurs absolviert. Wir haben gelernt, wie man in der Wüste allein überlebt oder unter anderen gefährlichen Bedingungen«, sagt die Mutter dreier Kinder.

Die Frauen marschieren ganz vorn. Trotz der eisernen Ausbildung, die sie angeblich absolviert haben, werden sie mit den Schuhen, die sie tragen, in einem Krieg nicht weit kommen: Pumps mit sehr hohen Absätzen, Sandalen mit Goldschnallen und ständig schlappende Pantoffeln.

»Das hier ist ein Fest, eine Feier, heute ziehen wir schließlich noch nicht in den Kampf«, sagt eine Studentin auf Schuhen mit wahnsinnig hohen Plateausohlen. Aber im Gegensatz zu ihren Schwestern schwankt sie nicht. Festen Schritts marschiert sie durch die Straßen von Mosul und ruft wie die anderen: »Nam, nam, Saddam.«

Hinter den Frauen kommen die Selbstmordattentäter. Sie tragen weiße Overalls mit Kapuzen. Um den Bauch haben sie sich Dynamitstäbe gebunden. In den Händen halten sie Granaten. »Wir sind bereit, den Märtyrertod zu sterben«, steht auf den Plakaten, die sie vor sich hertragen.

Das eigentliche Heer Saddam Husseins ist nicht dabei, es ist schon längst für den Fall, dass der amerikanische Angriff kommt, überall im Land postiert. Die meisten Soldaten haben an den Grenzen im Norden und Süden Stellung bezogen, und an die hunderttausend Mann sollen einen Ring um Bagdad bilden.

Eine Mutter sieht sich die Parade zusammen mit ihrem Sohn an. »Kriegerwitwe«, erzählt sie mir, »seit dem Golfkrieg.«

In der Hand hält sie eine schmutzige Plastiktüte. Sie ist mit Konfetti gefüllt, bunten Papierfetzen, die sie zusammen mit ihrem Sohn auf die Marschierenden wirft. Auch die 40-jährige Witwe ist Mitglied der Al Quds-Brigade, aber im Augenblick krankgeschrieben. Ihr zwölfjähriger Sohn sagt, er sei stolz, dass seine Mutter bei der Al Quds-Brigade sei. »Er wird auch bald mit dem Training beginnen«, sagt sie. »Die Amerikaner werden schon sehen. Unsere Kinder sind aus Feuer und Stahl.«

Ein Junge steht gebannt neben ihnen. Die vielen Soldaten, Uniformen und Fahrzeuge faszinieren ihn. Auf dem Rücken seiner Jacke steht mit großen Lettern: »Titanic«.

»Das passt nur zu gut, wenn man sich diese Schar anschaut«, flüstert ein Mann neben mir. »Untergang nach dem ersten amerikanischen Bombenangriff.«

Das Unglück war Gottes Strafe für Ramon

Für die Bewohner des Dorfes al-Wardiya ist der Absturz der Raumfähre »Columbia« vor zwei Tagen eine gerechte Strafe Allahs. Der dabei umgekommene israelische Kosmonaut Ilan Ramon war 1981 daran beteiligt, den irakischen Atomreaktor Osirak zu bombardieren. Die Ruinen des Reaktors liegen hinter einem hohen Stacheldrahtzaun weniger als einen Kilometer von den kleinen, weiß gekalkten Häusern des kleinen Dorfes al-Wardiya entfernt, das man von Bagdad aus in einer Stunde mit dem Auto erreicht.

»Es war am Nachmittag. Ich stand auf dem Hof und backte Brot. Über mir kamen acht Flugzeuge. Sie flogen so hoch, dass ich sie nicht hörte, aber ich konnte sie sehen«, erzählt Amina Khalaf, eine Frau mittleren Alters in einem langen schwarzen Umhang und mit Kopftuch. »Eines der Flugzeuge ließ eine Bombe direkt auf das Kraftwerk fallen. Eine riesige Rauchwolke stieg auf. Alle Arbeiter wurden getötet, aber wie es jetzt dort aussieht, wissen wir nicht, wir dürfen nicht einmal in die Nähe.«

Anfang 1981 alarmierte der israelische Geheimdienst die Regierung in Jerusalem, dass der Reaktor Osirak zur Herstellung von Atombomben verwendet werden sollte. Man hielt das für eine tödliche Bedrohung Israels, und die Regierung beschloss, dass der Reaktor lahm zu legen sei, obwohl die Bomber dafür 1100 Kilometer bis zum Ziel fliegen mussten. Zeit war ebenfalls nicht zu verlieren. Das irakische Bauvorhaben durfte nicht so weit fortschreiten, dass eine Bombardierung zu einer umfassenden radioaktiven Verseuchung geführt hätte. Am 7. Februar 1981 schlugen die Israelis zu. Nachdem die acht F-16-Flugzeuge amerikanischer Fertigung den Angriff geflogen hatten, lag Osirak in Ruinen.

Zweiundzwanzig Jahre lang waren die israelischen Bomberpiloten für die Bewohner des Dorfes al-Wardiya nur anonyme Schatten am Himmel. Mit dem Absturz der Raumfähre »Columbia« hat einer der Piloten ein Gesicht bekommen. Der Kosmonaut und Oberst Ilan Ramon war einer der Piloten, die Osirak bombardierten. »Er hat einen furchtbaren Tod verdient, weil er den Reaktor angegriffen hat. Mit welchem Recht hat er ihn zerstört? Das ist Gottes gerechte Strafe«, sagt der alte Bauer Abdul Hassan.

Er sitzt in traditioneller Kleidung auf dem Boden seines kümmerlichen Wohnzimmers. Auf dem Kopf trägt er den *Agal*, ein Tuch mit schwarzweißem Muster. Abduls Frau lädt ein zu einem Glas frischer Milch direkt von der Kuh vor der Haustür. Nachbarn schauen vorbei und beteiligen sich an der Unterhaltung. Das Glas Milch kreist. Den Gästen und Abduls Frau tun die sechs amerikanischen Wissenschaftler leid, die zusammen mit dem israelischen Kosmonaut umgekommen sind. »Das waren harmlose Wissenschaftler. Aber ihre Stunde war gekommen«, erklärt Amina. Diese Antwort erhalte ich oft im Irak. Allen ist eine Zeit auf Erden zugemessen, und allen steht ihr Schicksal auf die Stirn geschrieben.

»Sie können einem ebenso Leid tun wie die Opfer des Angriffs auf Amerika am 11. September 2001 und all die unschuldigen Iraker, die hier damals bei dem Bombenangriff getötet wurden«, meint Amina. Ihr Sohn Said ist sogar versöhnlich gestimmt, was den israelischen Piloten angeht. »Ich kann mich einfach nicht darüber freuen, dass jemand getötet wird, nicht einmal Ramon, der uns bombardiert hat. Er hat doch nur seine Arbeit gemacht. Als Soldat musste er dem Befehl gehorchen«, sagt Said vorsichtig.

Ein Nachbar fällt ihm ins Wort. »Alle Israelis sind unsere Feinde«, betont er.

Dann steht plötzlich der Dorfoberste in der Tür. Unser Besuch hat sich zu ihm rumgesprochen. Er verlangt, unsere Papiere zu sehen. Die Unterhaltung stockt. Niemand hat Lust, noch etwas zu sagen. Niemand will sich fotografieren lassen.

Alles, was mit dem Atomreaktor zu tun hat, ist im Irak ein gefährliches Thema.

Europäische Friedenstauben

Unter Präsident Saddam Husseins wachsamem Blick trafen sich gestern irakische und europäische Abgeordnete. Die Europäer bekamen zu hören, dass die Iraker ihren Präsidenten liebten, dass das Land frei sei und demokratisch regiert würde und dass sie nicht alles glauben sollten, was sie in der Zeitung lesen.

»Hier haben wir keine Massenvernichtungswaffen, keinen Kontakt mit Terrororganisationen und nichts zu verbergen«, sagte der Vorsitzende des irakischen Parlaments Saadoun Hammadi zu etwa dreißig Abgeordneten des Europaparlaments. Sie befinden sich auf einer Friedensreise nach Bagdad, um die weitere Arbeit der Waffeninspektoren zu unterstützen, und wollen Vertreter irakischer Behörden, der UNO und internationaler Hilfsorganisationen treffen.

»Das Wichtigste an dieser Reise ist, die Machthaber so zu beeinflussen, dass sie keinen Krieg gegen den Irak beginnen. Obwohl vieles in diesem Land im Argen liegt, ist ein Bombardement sicher nicht der richtige Weg«, meinte Pernille Frahm von der Sozialistischen Volkspartei Dänemarks, die die Abgeordneten anführte.

Erster Programmpunkt war das irakische Parlament. Hier durften sie einen Mann treffen, den mächtigen Parlamentsvorsitzenden Saadoun Hammadi. Früher war er Minister in der Regierung von Saddam Hussein. Außerdem ist er eines der prominentesten Mitglieder der Baath-Partei und ein enger Mitarbeiter des Präsidenten. Wie alle in der Führung des Irak ist Hammadi ein Mann, der immer nur das sagt, was Saddam Hussein ihm befohlen hat. Er verwendete viel Zeit darauf, den Abgeordneten zu erklären, warum die USA gegen den Irak in den Krieg ziehen wollen.

»Hauptsächlich ist es natürlich das Öl. Dann ist da noch die jüdische Lobby in den USA. Die Zionisten wollen Palästina endgültig auslöschen und Israel zur Supermacht der Region machen. Aber wir halten ihnen nicht auch noch die andere Backe hin, wir werden kämpfen. Wir werden den Amerikanern gegenüber nie nachgeben. Wir werden die Besatzer in jedem Fall schlagen.«

Nach der Rede war Zeit für eine Fragestunde. Per Gahrton von der schwedischen Umweltpartei gab seiner Sorge Ausdruck, was die Zusammenarbeit mit den Waffeninspektoren anging.

»Es reicht nicht, dass Sie zu 99 Prozent kooperieren, Sie müssen zu 100 Prozent kooperieren. Warum gehen Sie solche Risiken ein?«

»Es gibt nur ein paar winzige Unstimmigkeiten zwischen dem Irak und der UNO. Wir haben die Waffeninspektoren überall hingeführt, wo sie hinwollten«, erwiderte Hammadi.

»Aber können Sie sich jetzt überhaupt noch die kleinsten Differenzen leisten, jetzt, wo der Krieg wirklich näher zu kommen scheint?«, fragte Ulla Sandbæk von der dänischen Junibewegung.

»Unsere Zusammenarbeit verläuft reibungslos. Natürlich gab es die eine oder andere Diskussion. Wir hoffen, dass es keinen Krieg gibt. Aber wenn der Krieg kommt, sind wir bereit. Wir werden aus jeder Ecke und aus jedem Winkel heraus kämpfen«, antwortete Hammadi.

Sein Ton gegenüber den Abgeordneten war kühl und höflich, aber als einer von ihnen fragte, ob es für das Land nicht besser sei, dass Saddam Hussein seinen Posten räumt und das Land verlässt, brauste er auf:

»Unser Präsident hat die volle Unterstütung seines Volkes! In der freien Volksabstimmung letzten Herbst erhielt er

100 Prozent der Stimmen. Für ihn und für uns ist es undenkbar, zionistischen Gruppen gegenüber nachzugeben. Keine Menschenseele im Irak will, dass er abtritt«, meinte er und sah die Fragestellerin in der ersten Reihe durchdringend an.

»Was fällt diesem Bush ein, uns vorschreiben zu wollen, unseren Präsidenten abzulösen? Glauben Sie etwa, dass Bush das Recht dazu hat, auf der ganzen Welt die Präsidenten auszutauschen? Was würden Sie denn tun, wenn er plötzlich forderte, dass Ihr Präsident abtreten soll? Wenn er plötzlich Chirac loswerden will? Oder Schröder? Wir leben in einer freien Demokratie, wir haben mehrere Parteien, wir entscheiden selbst.«

Mehrere von Saddam Husseins Augenpaaren verfolgten die Ausführungen des Parlamentspräsidenten von diversen Porträts an der Wand aus.

Inger Shörling von den Grünen in Schweden ist besorgt über die Einhaltung der Menschenrechte im Irak und darüber, dass gegen die kurdische Bevölkerung Gas eingesetzt würde.

»Nirgends auf der Welt haben die Kurden es besser als im Irak. Sehen Sie sich nur die Türkei und den Iran an. Dort besitzt die kurdische Minderheit überhaupt keine Rechte. In der Türkei dürfen sie nicht einmal ihre eigene Sprache sprechen. Hier verfügen sie zumindest über lokale Autonomie.« Und die Sache mit den chemischen Waffen? »Das sind Lügen und Verschwörungstheorien. Sie dürfen nicht alles glauben, was in der Zeitung steht. Bush ist der größte Lügenbold von allen.«

»Aber es existieren Hinweise darauf, dass …«

»Was für Hinweise? Wo haben Sie die her? Da sind Sie falschen Informationen aufgesessen«, antwortete Hammadi der schwedischen Europaparlamentarierin.

»Sie scheinen nicht recht begriffen zu haben, wie ernst die Sache ist«, meinte Herman Schmid von der schwedischen Vänsterparti, einer Linkspartei, nach dem Treffen.

»Sie sagen nur, was sie die ganze Zeit schon gesagt haben, wie ein Tier, das in die Ecke gedrängt wird. Offenbar glauben sie, dass es einen kurzen Krieg gibt und dass sie ihn überleben, aber dieses Mal könnte es viel schlimmer kommen.«

»Die Verantwortung, einen Krieg zu vermeiden, liegt bei den Irakern. Sie müssen sich an den UNO-Beschluss halten und abrüsten. Offensichtlich verstehen sie den Ernst der Lage nicht. Vielleicht wollen sie ihn auch nicht verstehen. Als glaubten sie, ein Krieg könnte ihnen helfen, die Loyalität der Bevölkerung zu gewinnen. Dann haben sie außer den Sanktionen noch etwas, dem sie die Schuld geben können, wenn etwas schief geht«, sagte Per Gahrton.

Nach dieser Begegnung zogen die Friedenstauben vom Europaparlament zu anderen Treffen weiter. Nicht einmal, was ihr Fortbewegungsmittel anging, hatten die Parlamentarier viel mit ihren Gastgebern gemein. Die Europäer rumpelten in zwei alten Bussen Bagdads Straßen entlang. Hammadi verschwand in einem schwarzen Cadillac.

FREITAG, 7. FEBRUAR 2003

Sonne, Regen und Satellitenfotos

Irakische Behörden führten gestern das ganze internationale Pressekorps durch militärische Einrichtungen in der Umgebung von Bagdad, um zu zeigen, dass es den Beweisen von US-Außenminister Colin Powell an Glaubwürdigkeit mangelt.

»Das Dach ist dafür da, unsere Arbeiter vor Regen und Sonne zu schützen, und nicht, um etwas zu verbergen. Schließlich können wir in diesem Land nicht einfach darauf verzichten, Dächer zu bauen, nur weil die Amerikaner im Auge behalten wollen, was wir so machen«, sagt Ali Jassem, der Chef der staatlichen al-Rafah-Raketenerprobung, beim Rundgang entrüstet. »Schauen Sie, jetzt ist es Anfang Februar, und die Sonne brennt bereits vom Himmel. Stellen Sie sich vor, wie es hier erst sein wird, im Juli zu arbeiten, dann sengt die Sonne noch unbarmherziger«, erklärt er den anwesenden Journalisten.

Die Raketenerprobung in Falluja, 150 km nördlich von Bagdad, ist eine der militärischen Einrichtungen, die der Außenminister der USA Colin Powell bei seinen Ausführungen vor dem Sicherheitsrat vergangenen Mittwoch erwähnte. Powell zeigte ein Satellitenfoto der Vorrichtungen zum Test von Raketen und behauptete, eine von diesen sei dafür vorgesehen, Raketenmotoren mit einer Reichweite von über 1200 km zu erproben. Dies würde gegen die UNO-Resolution für den Irak verstoßen. Danach darf der Irak keine Raketen mit einer Reichweite von über 150 km besitzen.

»Nachdem das Bild im April 2002 aufgenommen wurde, haben die Iraker ein Dach gebaut, damit von den Satelliten aus nicht mehr so gut zu erkennen ist, was darunter passiert«, sagte Powell in New York.

Unter eben diesem Dach im Wüstensand von Falluja versucht Ali Jassem, die Reporter davon zu überzeugen, dass die Fürsorge für die Arbeiter sie zu dem Bau veranlasst habe.

»Wir haben nichts zu verbergen. Die Waffeninspektoren waren bereits im Dezember des vergangenen Jahres zum ersten Mal hier. Sie durchsuchten das ganze Gelände und kamen zu dem Schluss, dass sich alles im Rahmen dessen bewege, was dem Irak erlaubt ist«, sagt Ali Jassem. Die Inspektoren seien später noch mehrmals zurückgekommen, zuletzt am 4. Februar, einen Tag, bevor Powell seine Rede vor der UNO gehalten habe. Sie hätten vier Tests zum Abschuß von al-Samoud-Raketen gesehen und bisher nichts einzuwenden gehabt. »Ich bin wütend, wahnsinnig wütend auf Powell, weil er das alles zusammendichtet«, sagt Ali Jassem, während er die verschiedenen Einrichtungen des Stützpunkts vorführt, der sich in der wüstenartigen Gegend befindet. Einzelne Teile sind ziemlich mitgenommen, die Eisenkonstruktionen verrostet, und der Beton geborsten. Eine neue Einrichtung soll bald die alte ersetzen, und von dieser neuen meint Powell, dass sie gegen die UNO-Resolution verstößt.

Später dürfen die Journalisten mit zum Al Muatasin-Stützpunkt, von der Powell ebenfalls Satellitenfotos gezeigt hat. Auf den Fotos vom November vergangenen Jahres waren mehrere Lastwagen zu erkennen gewesen, die das Gelände verließen. Powell behauptete, dass sei der Beweis dafür, dass der Irak vorbotene Waffen beiseite geschafft habe.

»Ganz und gar nicht«, lautet die Antwort des Verantwortlichen auf dem Stützpunkt. »Wir haben die Lastwagen nur dazu benutzt, Raketenteile von einem Stützpunkt zum anderen zu bringen.«

Während die Journalisten ihren Ausflug machen, erhöhen die USA den Druck auf den Irak. Die UNO-Inspektoren setzen ihre Untersuchungen fort und besuchen Kunstdüngerfabriken, Raketenstützpunkte und eine Wasserreinigungseinrichtung. Sie wollen sich vergewissern, dass die Chemikalien nicht zur Waffenproduktion verwendet werden können.

Die irakischen Behörden versuchen jetzt, sich kooperativer zu zeigen. Gestern gestatteten sie erstmals einem irakischen Wissenschaftler, sich von den Waffeninspektoren ohne Beisein eines irakischen Beamten befragen zu lassen.

Die Chefinspektoren Hans Blix und Mohamed El Baradei treffen heute in Bagdad ein und wollen versuchen, Garantien für eine bessere Zusammenarbeit auszuhandeln. Hans Blix hat bereits geäußert, dass der Irak drastische Maßnahmen ergreifen müsse, um diesen Anforderungen zu genügen. »Es hat den Anschein, dass sie zumindest einen Versuch in diese Richtung unternehmen, aber wir müssen am Wochenende noch weitaus mehr sehen«, sagte er.

Die UNO fordert, das sichere Überfliegen von U 2-Flugzeugen über den Irak zu garantieren und weitere unbehinderte Befragungen von Wissenschaftlern. Außerdem muss Bagdad Dokumente über seine Waffenprogramme abliefern. Die USA und Großbritannien beschuldigen das Regime Saddam Husseins, chemische, biologische und atomare Waffen zu verstecken. Die Chefinspektoren wollen am 14. Februar dem Sicherheitsrat ihren Abschlussbericht vorlegen. Falls sie nicht auf größeres Entgegenkommen von irakischer Seite stoßen, rechnet man damit, dass die Kriegsvorbereitungen beschleunigt werden.

Blut unter der Moschee

Pilger strömen zu den heiligen Stätten des Iraks, um für Frieden zu beten. In der Stadt Kerbela im Südirak werden in diesem Monat vier Millionen von ihnen erwartet. In drei Tagen, am Freitag, wenn Hans Blix dem UN-Sicherheitsrat seinen neuen Bericht vorlegt, ist *Eid*, ein wichtiger Feiertag, und alle werden um die Gnade Allahs beten.

In bedächtigen Zügen inhaliert Jimalla den Rauch ihrer Zigarette. Es ist eben erst hell geworden. Die ersten schwachen Strahlen der Morgensonne fallen über das Dach der Moschee. Jimalla zittert vor Kälte. Es ist die dritte Nacht, die sie auf den Steinplatten vor der Moschee verbringt. Sie ist gekommen, um Gott zu preisen und um Hilfe zu beten.

»Ich bin sechzig und werde bald sterben. Ich bete darum, ins Paradies zu kommen«, sagt Jimalla und zieht bedächtig an ihrer Morgenzigarette.

»Ich bete um einen friedlichen Tod, darum, dass ich nicht bei einem Bombenangriff verbrenne oder von einer Rakete zerfetzt werde. Mein Mann ist letztes Jahr an einem Herzinfarkt gestorben. In seinem Bett ist er sanft entschlummert. Ich hoffe, dass ich denselben Tod sterbe wie er. Wenn wir Glück haben, sehen wir uns im Paradies wieder«, sagt Jimalla.

Sie ist mit ihren beiden Nichten gekommen. Sie wollen in Kerbela um Glück, Gesundheit und Frieden beten.

Um die drei Frauen herum scharen sich allmählich andere Leute. Einige sitzen mit ihren Familien auf Kissen und Decken und lesen sich gegenseitig aus dem Koran vor. Andere murmeln Gebete oder stehen in der langen Schlange derjenigen, die in die Moschee wollen.

Die halblauten Stimmen sollen das Grab des Imam Hussein erreichen. Imam Hussein ist einer der großen Märtyrer der Schiiten. Es heißt, dass er genau an diesem Platz während der Schlacht von Kerbela im Jahr 680 getötet wurde. Dort, wo sein Blut in der Erde versickerte, wurde das Mausoleum errichtet.

Kerbela ist eine der heiligsten Stätten der Schiiten. Das ganze Jahr über kommen Pilger hierher, die meisten zum *Eid*. Kerbela wird fast ganz von Schiiten bewohnt und daher streng vom Regime überwacht.

Obwohl die Schiiten die größte ethnische Gruppe des Landes stellen, wurden sie brutal unterdrückt. Rund sechzig Prozent der Iraker sind Schiiten, aber nur sehr wenige befinden sich in der Führungsschicht des Landes.

»Dreckig sind sie«, hört man Leute in Bagdad sagen. »Kein Verlass ist auf sie. Sie lächeln dir ins Gesicht, aber wenn du dich umdrehst, rammen sie dir ein Messer in den Rücken.«

Aber die offizielle Linie im Irak lautet, dass Schiiten und Sunniten Brüder sind und Seite an Seite stehen.

Im Irak gibt es keine religiösen Spannungen, heißt es von offizieller Seite.

»Zwei Dinge sind im Irak tabu«, sagte ein Iraker zu mir, als ich herkam, »Saddam Hussein zu kritisieren und zu sagen, dass es Gegensätze zwischen Sunniten und Schiiten gibt. Damit müssen Sie sich einfach abfinden.«

Kerbela ist eine schöne Stadt mit Palmen, Gärten und heiligen Stätten. Sie ist von allen Seiten von Wüste umgeben, und es gibt über hundert Moscheen.

Aber nicht nur Imam Hussein hat in Kerbela ein blutiges Ende gefunden. Nach dem Golfkrieg kam es zu einem Aufstand der Schiiten gegen das Regime. Diese Schiiten-Intifada im März 1991 sucht in der Geschichte ihresgleichen, was den

Umfang und das Tempo angeht. Im Verlauf weniger Tage hatten fast alle schiitischen Landesteile revoltiert.

Die Schiiten warteten auf Hilfe der Amerikaner, weil diese dasselbe Ziel hatten: Saddam Hussein zu stürzen. Diese Hilfe blieb aus. Im Gegenteil, George Bush sen. stand seinem Todfeind noch bei, indem er ihm gestattete, mit seinen Hubschraubern die dazwischengelegenen amerikanischen Truppen zu überfliegen, um den Aufruhr niederzuschlagen.

Die Amerikaner fürchteten Chaos, und die Republikanische Garde, die Elitetruppe Saddam Husseins, machte von ihrem gesamten Waffenarsenal Gebrauch, einschließlich chemischer Waffen.

Die heiligen Städte kapitulierten als Letzte. In Kerbela wurde um jedes Haus gekämpft. 30 000 Menschen wurden in den ersten zwei Tagen getötet. Etwa zweimal so viele verloren im Umland ihr Leben. Auch das Mausoleum war Schauplatz von Kämpfen. Dort hatten mehrere tausend Menschen Schutz gesucht, die mit Raketen beschossen wurden.

Anschließend hat die Stadt ihr Gesicht verändert. Vor dem Golfkrieg pulsierte um die Moschee herum das Leben. Der Basar blühte, und schmale Gassen mit Teehäusern, Geschäften und Werkstätten reichten bis an die Wände des Heiligtums heran.

Heute liegt vor der Moschee ein mehrere hundert Meter breiter Platz. Nichts erinnert mehr an die Kämpfe. Die goldenen Turmspitzen ragen stolz in die Luft, und an den Wänden funkeln Mosaike aus blauen und grünen Steinen.

Die Leute in Kerbela schütteln ausweichend den Kopf, wenn ich nach dem Aufstand frage. Die blutigen Tage von vor zwölf Jahren sollen aus der Erinnerung der Iraker gelöscht werden.

Ein Mann steht mit einem Buch in der Hand da und liest laut und bedächtig. Said lebt schon sein ganzes Leben in

Kerbela. Er wohnt ganz in der Nähe der Moschee und war während des Golfkriegs jeden Tag dort. Er sagt, von einem Aufruhr habe er nichts gesehen.

»Aber ich habe davon reden hören«, räumt er schließlich ein.

»Was haben Sie denn gehört?«

»Dass unpatriotische und böse Kräfte dahinter steckten«, antwortet er und sieht mich durchdringend an. Lange hält er meinem Blick stand.

»Und die Zerstörungen um die Moschee herum?«

»Das waren amerikanische Bomben«, meint er. Neben ihm steht der Dolmetscher des Informationsministeriums und nickt.

Der Abgesandte des Informationsministeriums will in die Moschee, um dort zu beten. Er befiehlt mir, mich nicht von der Stelle zu bewegen und zu warten, bis er zurückkommt. »Rühren Sie sich nicht vom Fleck. Ich würde Sie nie wiederfinden.«

Ein Mann hat, scheinbar in ein Gebetbuch vertieft, unser Gespräch mit angehört. Den Blick weiter auf die abgegriffenen Seiten geheftet, spricht er mich in fließendem Englisch an.

»Niemand wird Ihnen die Wahrheit sagen. Sie können aufhören zu fragen.«

»Wieso das?«

»Wir haben Todesangst. Wir sagen uns nicht einmal gegenseitig die Wahrheit. Wir verlassen uns auf niemanden. Nicht einmal auf unsere Freunde,« sagt er und verschwindet rasch.

Der Dolmetscher kommt zurück und sucht mir eine neue Familie, mit der ich mich unterhalten kann.

Sie sitzen auf einer Decke und lesen laut aus dem Koran. Der kleinste Junge spielt mit einem Plastikauto.

»Wir beten darum, dass Allah George W. Bush jun. auf den rechten Weg führt«, sagt der Vater. »Allah wird das schon richten«, meint er wie die meisten Iraker, fügt jedoch noch hinzu: »Aber er kämpft gegen den Teufel.«

»Und was will der Teufel?«

»Den kennen Sie besser als ich«, sagt der Mann und schlägt sein Buch zu.

MITTWOCH, 12. FEBRUAR 2003

Der Gesandte des Papstes

Während der Papst einen Kardinal mit einem Vorschlag für den Frieden nach Bagdad schickt, bitten die irakischen Priester Saddam Hussein darum, endlich zu verschwinden. Immer mehr Christen entscheiden sich dafür, das Land zu verlassen. Sie fürchten einen islamistischen Aufruhr, falls es zum Krieg kommt.

Der Mixer kreischt, die Kerne der Granatäpfel werden kleingehackt und ausgepresst. Josef gießt den blutroten Saft in ein Glas, steckt einen Strohhalm hinein und serviert. Nachmittags arbeitet er im »Fruity«, einer Saftbar in Karada, dem christlichen Viertel von Bagdad. Heute hat er ein paar Stunden freibekommen, er will zur Messe in die Josefskirche. Das Gotteshaus bekommt ungewöhnlichen Besuch, Roger Etchegaray, den Gesandten des Papstes.

»Der Kardinal kommt mit einem Friedensvorschlag des Papstes«, erzählt Josef. »Niemand weiß, worauf er hinausläuft. Der Papst hat ihn ihm ins Ohr geflüstert, und niemand darf ihn erfahren, ehe der Abgesandte ihn an unseren Präsidenten weitergegeben hat«, erklärt Josef, der eigentlich an der technischen Hochschule in Bagdad studiert.

»*Inschallah*, wenn Gott will, hilft das«, sagt Josefs Chef Abas Hussein. Er ist selbst Moslem, aber glaubt, dass es zumindest nicht schaden kann, dass der Gesandte des Papstes nach Bagdad kommt.

»Das kommt darauf an, wie mächtig der Papst ist. Ist er sehr mächtig?«, fragt Abas.

»Sehr«, antwortet Josef.

»Aber kann er Bush aufhalten?«

Josef bleibt ihm die Antwort schuldig. »Ich will mir anhören, was er zu sagen hat. Aber es wäre besser gewesen, er wäre nach Washington gefahren und hätte mit Bush gesprochen. Schließlich will der den Krieg.«

Wie die meisten Christen im Irak ist Josef Chaldäer und als solcher Katholik. Von Bagdads fünfzig Kirchen gehören dreißig den Chaldäern. In den meisten Kirchen wird die Messe chaldäisch gelesen oder sogar aramäisch, in der Sprache, die Jesus vor zweitausend Jahren sprach. Die chaldäische Liturgie ist die älteste christliche Liturgie der Welt, und die Christen des Irak versuchen, ihre Kultur und ihre Riten zu bewahren. Sie fürchten, dass beides verschwinden könnte.

Die Zahl der Christen hat sich im Irak in den letzten 15 Jahren fast halbiert. Jetzt gibt es vielleicht noch eine dreiviertel Million, und sie stellen nur noch drei oder vier Prozent der Bevölkerung. Jedes Jahr versuchen Tausende von ihnen, das Land zu verlassen und in die USA oder nach Europa auszuwandern. Die Islamisierung des Irak beunruhigt sie am meisten. Der Einfluss der Imams wächst, und Saddam Hussein, der früher jeden religiösen Fanatismus unterdrückte und den Osama Bin Laden noch unlängst einen Ungläubigen nannte, lässt sich immer häufiger beim Gebet fotografieren.

Trotzdem genießen die Christen in der irakischen Gesellschaft Privilegien. Sowohl in der Baath-Partei als auch in den Elitetruppen Saddam Husseins gibt es viele Christen. Einer der wichtigsten Männer im Staat, der Vizepräsident Tariq Aziz, ist Chaldäer. »Zumindest wissen wir, wie wir mit Saddam Hussein dran sind, ein neues Regime könnte von religiösen Fanatikern gebildet werden«, lautet eine unter Christen weit verbreitete Ansicht.

»Zwischen Christen und Moslems gibt es im Irak keine Gegensätze«, versichern Josef und Abas. »Wir sind Brüder und haben denselben Gott.«

Josef zieht seine Schürze aus und geht in die Messe. Abas wartet auf den Gebetsruf von der Moschee.

Bei der Josefskirche ein paar Straßen weiter ist sehr viel los. Ein dicker, kleiner Priester rennt herum, schiebt Stühle hin und her und reißt Witze mit dem Chor. Hochwürden Albert ist eigentlich pensioniert, aber wirft sich heute in die Bresche, weil der Emissär des Papstes kommt. Er teilt nicht die Ansicht von Josef aus der Saftbar, dass es keine Spannungen zwischen den Moslems und Christen gebe. »Ein normaler Christ kann einen bestimmten Punkt erreichen, aber dann geht es nicht weiter«, meint Pater Albert. »Die besten Jobs und die besten Löhne sind den Moslems vorbehalten. Aber Schlimmeres ist zu erwarten – der Vormarsch der Fanatiker. Es brodelt schon«, meint er bekümmert.

Pater Albert ist gespannt auf die Mitteilung des Papstes. »Gott lässt manchmal unerwartete Dinge geschehen. Aber hier im Irak hängt das weder von Päpsten noch von Kardinälen ab. Es hängt am guten Willen eines Einzigen.«

»Es gibt jetzt nur noch eine Möglichkeit, den Krieg zu vermeiden, und zwar, dass unser guter Mann den Irak verlässt«, sagt er offenherzig. Diese Kritik im Irak vorzubringen ist gefährlich. »Schreiben Sie das ruhig, ich bin ein alter Mann und kann sagen, was ich will. Saddam Hussein muss den Irak verlassen. Aber das wird er natürlich nie tun.«

Pater Albert ist ebenso kritisch gegenüber dem amerikanischen Präsidenten. »Er klingt so, als hätte er einen Grund, einen Krieg anzufangen. Aber den hat er nicht. Ihm geht es nur um Kontrolle.«

Pater Albert gehört zur selben Kirche wie Vizepräsident Tariq Aziz und kennt ihn gut. »Eigentlich ist er ein guter Mann, ein Intellektueller, der nur das Beste will. Aber ihm sind die Hände gebunden. Er kann den Präsidenten nicht einfach bitten zu verschwinden.«

Falls der Krieg ausbricht, befürchtet Pater Albert, dass es im Land einen totalen Aufruhr gibt. »Die Leute haben viel zu rächen«, sagt er.

»Vor zwei Tagen bekam ich Besuch von der Frau von einem von Saddam Husseins engsten Mitarbeitern. Sie weinte und wünschte sich eine elende Hütte statt des Palastes, in dem sie jetzt wohnt. Sie hatte eine Todesangst vor dem Urteil des Volkes, jetzt, wo das Regime bald stürzen kann, und bat für sich und ihren Mann um Schutz in dem Kloster, in dem ich wohne«, erzählt der Pater und schweigt eine Weile.

»Aber ich habe nein gesagt. Wenn die Kirchen und Klöster den Verhassten Unterschlupf gewähren, schadet das allen Christen und ist nur Öl auf die Feuer der Fanatiker«, findet er. »Diese Leute haben viel zu verantworten.«

DONNERSTAG, 13. FEBRUAR 2003

Das Schattengesicht der UNO

Spione, Agenten oder objektive Ermittler? Mitarbeiter von Hilfsorganisationen oder Blutsauger? Die UNO hat im Irak mehrere Gesichter, und sie verändern sich ständig. Die meisten Iraker halten die UNO für einen gehorsamen Lakaien der USA. Sie meinen, dass die nordamerikanische Supermacht eigentlich die Welt regiert.

Stolitchnaja, Ballantines und Cinzano stehen aufgereiht im Fenster, dazwischen Plastikrosen, kleine Spiegel und Seidenborten. Die Flaschen hinter der Schaufensterscheibe funkeln im Sonnenlicht. Innen im Laden gibt es regalweise Wodka, Whisky und Cognac. In dem dämmerigen Raum sitzen vier Männer. Das Geschäft geht schlecht.

»Im Moment ist niemand in der Stimmung zum Feiern. Jeder rechnet mit dem Schlimmsten und spart. Gibt es Krieg, schließen die Geschäfte und Fabriken, und alle verlieren ihre Arbeit und verdienen nichts mehr. Alles Geld, das sie ausgeben müssen, verwenden sie auf das Hamstern von Essen, Heizöl und Benzin. Den Rest verstecken sie. *Inschallah*, so Gott will, haben wir bald einen Frieden zu feiern«, sagt der Ladenbesitzer Sail, ein kräftiger Mann in einer dunkelblauen Tunika.

Der gesamte Konsum ist im Irak zurückgegangen, seit im Golfkrieg die UNO-Sanktionen eingeführt wurden. Alle flicken die Sachen wieder zusammen, statt etwas Neues zu kaufen, oder zimmern selbst. Viele Fabriken haben die Produktion einstellen müssen, weil sie keine Maschinen und Ersatzteile importieren dürfen. Sail ist ebenfalls betroffen, weil der Alkoholverbrauch in den letzten Jahren gesunken ist, seit die Behörden immer härter durchgreifen. Die wenigsten Restaurants dürfen noch Alkohol ausschenken, und die Läden dürfen nicht mehr so lange geöffnet bleiben. Das ist ein Teil von Saddam Husseins Islamisierung. Das Geschäft »Das Glas« wird von Christen geführt, wie alle Verkaufstellen für Alkohol in Bagdad, aber an diesem Tag, an *Eid*, dem wichtigen Feiertag der Moslems, hat Sail Besuch von seinen mohammedanischen Nachbarn bekommen.

»Wir Iraker müssen zusammenhalten«, sagt Sail. »Der Feind macht keinen Unterschied zwischen Moslems und Christen, zwischen Arm und Reich.«

»Wer ist der Feind?«

»Die USA und die UNO.«

Seit der letzten Runde mit den Waffeninspektoren hat man den Irakern erzählt, diese seien Spione und Agenten. Als man die UNO-Inspektoren 1998 aus dem Irak warf, wurde das als offizieller Grund in den Medien genannt.

Jetzt sind die irakischen Medien, die ganz und gar von Saddam Hussein kontrolliert werden, vorsichtiger. Sie beschreiben die Zusammenarbeit mit den UNO-Waffeninspektoren als gut. Der Irak habe alle Tore und Lager geöffnet, man habe nichts zu verbergen. Aber die UNO-Waffeninspektoren gelten als nicht wirklich wichtig. Letztendlich sind es die Feinde des Irak, die USA und Großbritannien, die das Sagen haben. In der Zeitung *Babel*, die von Saddam Husseins Sohn Uday herausgegeben wird, stand unlängst dieser Leitartikel: »Seit wir die UNO-Resolution 1441 akzeptiert haben, haben wir erleben müssen, dass britische und amerikanische Behörden ihre Rotznasen in den Prozess gesteckt haben, um diesen zum Scheitern zu bringen. Obwohl die Herren Blix und El Baradei nichts gefunden haben, behaupten die USA weiterhin unrechtmäßig, dass wir Massenvernichtungswaffen besitzen. In letzter Zeit haben die Aussagen dieser Herren nur dazu gedient, die USA und ihre Welthegemonie zufrieden zu stellen und die Autortät ihrer eigenen Organisation, der UNO, zu untergraben.« Der Leitartikel war von Abdul Razzaq Al-Dulaimy unterzeichnet, einem Pseudonym von Saddam Husseins Sohn Uday, der zu der Handvoll Männer gehört, die direkten Zugang zum Präsidenten haben. »Diese hohen Herren der UNO haben sich von der Propaganda der USA blenden lassen. Es gibt keine Lösung, bevor sich die CIA aus diesem UNO-Auftrag raushält«, schloss der Leitartikel.

Die Freunde im Laden sind sich einig darüber, dass der UNO-Sicherheitsrat in diesen Tagen über das Schicksal des Irak entscheiden wird. Wird es Bomben regnen oder nicht? Aber sie behaupten, es würde sie nicht kümmern, was der Sicherheitsrat zu sagen hat.

»Diese Waffeninspektoren sind vollkommen unbedeutend. Sie suchen nach Waffen, die es gar nicht gibt. Aber eigentlich geht es nur darum, dass Bush Zeit gewinnt, weitere Lügen in die Welt zu setzen. Die USA haben die UNO und ihre Inspektoren doch sowieso in der Tasche. Die stehen doch bei denen im Sold. Die USA haben bei der UNO das Sagen, und deswegen ist auch die UNO unser Feind.«

Yasim ist nicht ganz dieser Meinung. »Ich glaube, dass diese Inspektoren besser sind als die vorherigen. Die letzten waren die Spione der USA, diese hier sind neutraler. Außerdem haben sie weder etwas gefunden noch uns für irgendetwas angeklagt. Bisher haben sie sich also gut aufgeführt. Sie sind die Einzigen, die beweisen können, dass der Irak keine Massenzerstörungswaffen besitzt.«

»Wissen Sie, warum die USA uns hassen?«, fragt Sail. »Weil sie uns nicht kontrollieren können. Sie kontrollieren fast alles, die UNO und die Weltwirtschaft. Der Irak ist das einzige Land, in dem sie nichts zu sagen haben.«

Yasim wendet ein, dass es weitere Länder gäbe, die die USA nicht kontrollieren können. »Schau dir Frankreich, Deutschland und China an. Die sind auch gegen den Krieg«, sagt er.

»Wart nur ab«, meint Sail, »die werden sich schon bald wieder der Herde anschließen.«

Aber die UNO hat auch ein anderes Gesicht im Irak. Sie kümmert sich um die grundlegenden Bedürfnisse der Bevölkerung. Nachdem der UN-Sicherheitsrat 1990 ökonomische Sanktionen und ein Embargo eingeführt hatte, fiel der Lebensstandard drastisch. Im Jahr 1996 wurde das Programm »Öl für Lebensmittel« eingeführt. In seinem Rahmen kann der Irak Öl im Wert von zwei Milliarden Dollar im Jahr ausführen, um Medikamente und die wichtigsten Dinge für die Bevölkerung zu kaufen. Nach Einführung dieses Programms ist die Zahl der unter- und fehlernährten Kinder gesunken. Die irakischen Behörden behaupten, dass hunderttausende Iraker auf Grund der UNO-Sanktionen gestorben seien. In einer Studie der UNO-Organisation UNICEF lässt sich nachlesen, dass besonders die Kinder zu leiden hatten. »Rund eine Million irakischer Kinder unter fünf Jahren leidet an chronischer Unter- und Fehlernährung. Das ist ein Viertel aller Kinder«, behaupten die Autoren des Berichts.

Die UNO-Sanktionen führen auch dazu, dass lebenswichtige Medikamente und Geräte nicht importiert werden können. Beispielsweise können Röntgengeräte und Medikamente für Rückenmarkstransplantationen nicht importiert werden, weil sie auch anderweitig eingesetzt werden könnten. Die UNO behauptet, damit ließe sich eine so genannte »dirty bomb« herstellen, eine Art kleine Atombombe.

»Hat schon mal jemand von einer Atombombe aus einem Röntgengerät und Kobolt gehört? Die bestehen aus Plutonium und Uran«, meint ein irakischer Arzt kopfschüttelnd.

Die Männer im Schnapsladen sind auch nicht weiter beeindruckt vom vorgeblich humanitären Einsatz der UNO. »Das bezahlen wir doch alles selbst!«, meint Ali aufgebracht, der auf einem Hocker hinter dem Ladentisch Platz genommen hat. »Schließlich bezahlen wir mit unserem eigenen Öl. Die UNO hat uns gnädigst erlaubt, etwas Öl zu verkaufen, damit nicht alle Kinder sterben. Aber vielleicht wäre das ja das Beste gewesen. Sie wollen den Irak, aber ohne Iraker. Sie wollen unser Öl, aber nicht uns.«

Saddam ruft auf zum heiligem Krieg

Iraks Präsident, das Parlament und die Imams der Moscheen des Landes riefen zum Dschihad, zum heiligen Krieg auf. Saddam Hussein erfüllte eine der wichtigsten Forderungen der UNO: Er verbot den Import und die Produktion von Massenvernichtungswaffen.

Wenige Stunden, bevor der Chefinspektor der UNO Hans Blix seinen Bericht vorlegte, verlas das irakische Fernsehen überraschend Meldungen, dass der Präsident allen irakischen Gesellschaften verbiete, biologische, chemische oder atomare Waffen zu importieren oder herzustellen oder Material zu importieren, dass zu ihrer Herstellung nötig sei. Wer gegen dieses Verbot verstoße, habe mit Strafe oder Sanktionen zu rechnen, lautete das Dekret.

In einer an das irakische Volk gerichteten Erklärung wiederholte der Präsident, dass es keine Massenvernichtungswaffen im Irak gebe, aber dass der Aggressor die Lüge dazu gebrauchen wollten, das stolze irakische Volk anzugreifen. »Jeder von uns muss jetzt im Geiste des Dschihad kämpfen, zur Freude unserer Freunde und zum Ärger unserer Feinde.«

Gleichzeitig trat das Parlament zu einer außerordentlichen Sitzung zusammen. Die Abgeordneten sprachen dem Präsidenten erwartungsgemäß ihre volle Unterstützung aus. Damit ist einer der wichtigsten Klagepunkte, die Hans Blix gegen das Land vorbringt, aus der Welt geschafft: Die mangelnde Gesetzgebung des Irak, was Massenvernichtungswaffen angeht.

Der Irak ist in den letzten acht Tagen der UNO in zwei entscheidenden Punkten entgegengekommen. Wissenschaftler dürfen unter vier Augen befragt werden, und die Waffeninspektoren dürfen das Überwachungsflugzeug U 2 einsetzen.

Einer der Abgeordneten war trotzdem nicht ganz einverstanden mit dem Dekret des Präsidenten: »Es ist schade, unser Waffenarsenal zu zerstören, auch wenn wir Massenvernichtungswaffen besitzen sollten. Wir sollten damit warten, bis ein internationales Gesetz erlassen wird, das Massenvernichtungswaffen in allen Ländern verbietet, auch in den USA«, sagte Saleh Abied Ali. Alle Redner versicherten Saddam Hussein, der von Fotos an den Wänden des Parlaments auf sie herabschaute, in begeisterten Worten ihre Loyalität.

»Die USA wünschen sich eine Welt, in der das Gesetz des Dschungels herrscht. Sie haben eine hemmungslose Kampagne gegen uns begonnen. Sie sind alle Lügner«, meinte Musab al-Rawi aus Bagdad. »Aber wir können ihnen widerstehen. Wir sind alle menschliche Schutzschilde. Entweder wir siegen, oder wir werden Märtyrer.«

Ein anderer Abgeordneter meinte, die USA wollten den Krieg, um sich der Reichtümer der gesamten arabischen Welt zu bemächtigen. Er bat darum, die Zionisten, wie Israel im Irak konsequent genannt wird, zu entwaffnen, einschließlich aller leichten Waffen, damit sie diese nicht gegen das palästinensische Volk einsetzen könnten.

Der wichtigste Imam in Bagdad, Scheich Baker Abdul Razaq, stand mit Alis Schwert in der Hand in der Moschee und bat die Zuhörer, gegen die Amerikaner zu kämpfen und ihnen zu widerstehen. Die gesamte Zeremonie wurde vom Fernsehen direkt übertragen und dann mehrfach wiederholt.

»Noch nie habe ich den Imam so kriegerisch gehört«, meinte ein Mann, als er die Moschee verließ.

Der Tod des Jungen Haidar

Beim Kinderfriedhof Autafiya in Bagdad werden jeden Tag am Tor Bündel abgegeben, die ohne jede weitere Zeremonie begraben werden. Hinter hohen Mauern und schwankenden Palmen liegen tausende namenloser Gräber. In den letzten zehn Jahren ist die Kindersterblichkeit im Irak drastisch gestiegen. Einer der Feinde ist das Wasser.

Der Mann trägt das kleine Bündel in einer Hand. Mit großen Schritten schreitet er über Gräber und Erdhügel. In dem weißen Bündel liegt der zwei Tage alte Haidar.

Der kleine Junge ist an diesem Morgen gestorben. »Blutvergiftung«, vermutet der Totengräber. »Sein Gesicht ist ganz blau, und er hat am ganzen Körper Beulen.« Er schlägt den Stoff rasch etwas zur Seite, um mir das zu zeigen. Dann legt er den Jungen auf einen Stein.

Haidar wurde von seinem Vater am Tor dem Totengräber Kadom Musein übergeben. »Er hatte kein Geld, weder für ein Grab noch für eine Zeremonie. Er hat uns freundlich gebeten, ob wir uns nicht darum kümmern könnten. Hier nehmen wir alle entgegen, bezahlt werden wir dann da oben«, meint er und deutet in den Himmel. »Wir haben ihn gewaschen und dann in dieses Laken gewickelt. Aber er bekommt weder einen Stein noch eine Platte mit seinem Namen«, erzählt Kadom. Ein Grab kostet 15 Euro.

Es ist früher Morgen. Sieben Kinder sind an diesem Tag bereits begraben worden. »Eines war sieben Monate alt, ein anderes neun. Die anderen hatten schon ein paar Jahre gelebt«, sagt Kadom. Eines der Kinder hat einen Grabstein. Ein Koranvers und der Name leuchten in frischen Farben in Rot und Grün auf dem weißen Stein.

»Woran sind sie gestorben?«

»Zu wenig Essen, keine Medikamente, schließlich bekommen sie eine Blutvergiftung«, antwortet Kadom. Alle Krankheiten, die er nicht näher bestimmen kann, nennt er Blutvergiftung.

Die Totengräber heben am Hang zwischen zwei anderen kürzlich gestorbenen Kindern eine Grube für Haidar aus. Hier auf dem Autafiya-Friedhof in Bagdad werden die Allerkleinsten begraben. In der Nähe liegen mehrere große Krankenhäuser, und der Platz heißt oft einfach nur Kinderfriedhof. »Jeden Tag bekommen wir etwa zwanzig oder dreißig Kinder. Vor einigen Jahren waren es noch weniger als zehn«, erzählt mir Kadom.

»Jeden Tag steht ein halbes Dutzend Bahren vor dem Tor. Die Eltern können sich kein ordentliches Begräbnis leisten. Diese Gräber werden nicht gepflegt und von niemandem besucht.«

Der Vater von Haidar erzählte dem Totengräber, dass der Zustand der Mutter nach der Niederkunft sehr ernst sei und er rasch zurück ins Krankenhaus müsse. Haidar sei im siebten Monat zur Welt gekommen.

Frühgeburten haben im Irak stark zugenommen. Zwischen 1990 und 1999 hat sich das Auftreten von einem zu geringem Geburtsgewicht verfünffacht, was darauf schließen lässt, dass die Mütter ebenfalls fehl- oder unterernährt sind. Die Zahl der Frauen, die im Kindbett sterben, hat sich von 1990 bis 1999 verdoppelt.

Nachdem das UN-Programm »Öl für Lebensmittel« ins Leben gerufen wurde, ist die Kurve wieder gefallen. Vereinzelt hat sich die Gesundheit der Kinder sogar verbessert. Das liegt an den monatlichen Rationen, die alle Iraker bekommen. Aber hin und wieder macht die Rationierung alles noch schlimmer. Alle Mütter bekommen gratis zusammen mit ihrem monatlichen Essenspaket Muttermilchersatz. Das hat dazu geführt, dass immer mehr Frauen ihre Kinder nicht stillen oder verfrüht mit dem Stillen aufhören. Das ist ein großes Problem, denn die Wasserqualität ist sehr schlecht.

Viele Krankheiten, an denen Kinder sterben, hängen ursächlich mit der schlechten Wasserqualität zusammen. Vor dem Golfkrieg besaß der Irak eine moderne Wasserversorgung. Seither hat sich die Wasserqualität drastisch verschlechtert. Wasser- und Klärwerke sind seitdem kaum noch in Stand gehalten worden. Es gibt keine Ersatzteile und keinen Chlor, und durch Stromausfälle sind mehrere von ihnen nicht mehr in Betrieb. Bei 70 Prozent der Anlagen funktionieren die Generatoren nicht mehr, da es keine Batterien oder Ersatzteile gibt. Für die Wasserversorgung hätte es katastrophale Folgen, falls die Elektrizitätswerke durch Bomben zerstört würden.

Mehrere Kläranlagen sind außer Betrieb. In der Fünfmillionenstadt Bagdad funktioniert die Hälfte von ihnen nicht mehr. Eine halbe Million Tonnen ungeklärte Abwässer wird täglich in sauberes Wasser geleitet. Nur 60 Prozent der Bevölkerung haben sauberes Trinkwasser.

Im Laufe der neunziger Jahre hat sich die Wasserqualität um 40 Prozent verschlechtert.

Die Totengräber sind fertig. Mit einem kurzen Gebet wird Haidar rasch in das Loch in der Erde gelegt. Drei Ziegelsteine beschweren das Bündel, dann wird das Grab mit Erde aufgefüllt und die Erde festgetreten. Das Einzige, was Zeugnis davon ablegt, dass hier ein kleines Kind unter der Erde liegt, ist die frische, etwas dunklere Erde. Kadom glaubt nicht, dass Haidars Vater noch einmal zurückkommt.

»Wer kein richtiges Grab in Auftrag geben kann, kommt nicht zurück. Schließlich wissen sie nicht, wo genau ihre Kinder begraben sind. Sie können überall liegen. Ich werde mich ein paar Tage lang an Haidar erinnern. Aber dann kommen neue, und ich vergesse ihn«, sagt er.

Ein Stück weit weg sitzt ein Mann und poliert einen Marmorgrabstein. Auf der einen Seite sind lilafarbene Lilien gemalt, auf der anderen stehen ein Vers aus dem Koran und der Name: »Shehad 1.7.95 – 3.2.99«.

»Leukämie«, sagt ihr Vater, als er den Lappen beiseite legt. Auf dem glänzenden weißen Marmor ist nicht das kleinste Staubkorn. »Es war fast, als hätte das Leben aufgehört, als sie uns genommen wurde. Sie war unser einziges Kind, und es ist wenig wahrscheinlich, dass wir weitere bekommen werden«, sagt er traurig.

»Sie hatte eine Menge blauer Flecken am ganzen Körper, aber der Arzt sagte, das sei nichts weiter. Dann wurde sie sehr krank, und wir brachten sie ins Krankenhaus. Sie gaben ihr dort Spritzen, aber nach vier Tagen war sie tot. Vier Tage. Sie hatten nicht die richtigen Medikamente. Seither ist meine Frau schwer krank. Sie kommt nur an Freitagen hierher.«

»Honig«, sagt er. »Ihr Name bedeutet Honig. Sie hatte honiggelbes Haar und eine weiße Haut. Sie war schön wie eine Blume.«

Er sitzt an den Grabstein gelehnt und zündet sich eine Zigarette an. Jeden Tag ist er hier, um etwas Zeit mit seiner Tochter zu verbringen.

Der Wind nimmt zu. Etwas weiter den Hang hoch wirbelt die festgetretene Erde über dem Grab auf. Aber Haidar liegt sicher unter drei Ziegelsteinen.

Ein Stein in einem See aus Dreck

In Bagdad existiert ein verbotener Stadtteil, über den man nicht sprechen, den man nicht kritisieren und den man nicht besuchen darf. Niemand will dort wohnen, und die Mieten betragen nur ein Viertel des sonst in Bagdad Üblichen. Hier sind Palmen und Rasenflächen schon lange verdorrt. Dieser Stadtteil heißt Saddam City.

Ein ausgetrockneter Kanal trennt Welten. Auf der einen Seite liegen Bagdads breite Boulevards, Hochhäuser und Bronzedenkmäler, auf der anderen der Millionenslum.

Zwischen den Marktständen sickert stinkend die Kloake. Barfuß laufen Kinder über Gemüseabfall und halb verrottete Fischschwänze. Der Kanal ist bereits vor mehreren Jahren ausgetrocknet. Jetzt dient er einem neuen Zweck. »Militärische Stellungen«, sagen die Leute.

Der Kanal ist ein Schützengraben, in dem an mehreren Stellen Verteidigungsstellungen in den trockenen Lehm gegraben sind, und zwar nicht, um die Bevölkerung vor den Amerikanern zu beschützen, sondern einen Stadtteil vor dem anderen.

Nachdem der irakische König Feisal II. 1958 gestürzt worden war, wurde Saddam City gebaut. Zwei Jahre später waren die Häuser fertig, in die die Schiiten einzogen, die Ärmsten der Armen der irakischen Gesellschaft. Anderthalb der fünf Millionen Einwohner Bagdads wohnen in der Trabantenstadt Saddam City. Als Ausländer braucht man eine besondere Genehmigung, um hierher zu kommen, und zwei Führer, einen vom Informationsministerium und einen vom örtlichen Büro der Baath-Partei. Die Behörden achten sehr genau darauf, was hier passiert. Sie befürchten einen Aufstand gegen das Regime, falls es Krieg gibt, und das vor den Toren der Stadt. Die schiitische Majorität könnte sich gegen die sunnitische Minderheit, die das Land regiert, erheben. Es gibt Dinge, die wir die Leute nicht fragen können, und anderes, worüber man sich nur flüsternd unterhält. Der Hass liegt nicht weit unter der Oberfläche.

Während des Golfkriegs wurden Aufstände von der Republikanischen Garde und von den örtlichen Führern der Baath-Partei niedergeschlagen. Als sich diese ausbreiteten, teilte Saddams Sohn Qusay den Führern in Saddam City mit, er würde das Wohnviertel in zwei Stunden mit Raketen kurz und klein schießen lassen, wenn der Aufruhr nicht bis dahin vorbei sei. Die Führer baten um 24 Stunden, was ihnen gewährt wurde. Der Aufruhr kam zum Erliegen. Immer noch stützt sich das Regime auf die Loyalität der Parteimitglieder, und viele Schiiten gehören der Baath-Partei an.

»Ich habe von der Partei eine Kalaschnikow bekommen«, erzählt ein Gemüsehändler. »An alle Parteimitglieder sind Waffen ausgeteilt worden. Für die Schlacht gegen die Amerikaner«, versichert er, während er um sich schlägt. Fliegen sausen in die Luft und landen dann wieder auf den Tomaten, dem Blumenkohl und Salat. In Saddam City gibt es unzählige Fliegen und unzählige Krankheiten.

Vor der örtlichen Klinik steht eine weinende Familie. Die 20-jährige Mutter hat ein kleines Kind auf dem Arm. Es ist bleich, die Haut gelblich verfärbt. Sie versucht zu erklären, was dem Kind fehlt. »Das Blut ist gebrochen«, erzählt sie. »In seinem Blut ist kein Rot mehr übrig, nur Weiß.«

Sie weint. »Der Arzt sagt, dass er Bluttransfusionen braucht, sonst stirbt er. Aber ich wage das nicht. Wenn sie ihm jetzt böses Blut geben?«

»Thalassämie«, erklärt Samir Saleh, ein junger Arzt aus dem Südirak. »Das ist erblich und führt dazu, dass sein Skelett aufhört zu wachsen. Eigentlich benötigt er eine Rückenmarkstransplantation, aber das ist unmöglich. Der Irak hat bisher nur eine Rückenmarkstransplantation versucht, eine einzige.«

»Hier gibt es so viele kranke Kinder«, sagt Doktor Saleh. »Verunreinigtes Wasser, Abwassergräben überall, chemische Verunreinigungen, Radioaktivität, zu wenig Lebensmittel, geschwächte Immunität. Ich predige den Müttern, dass sie das Wasser abkochen müssen, aber wann sollen sie das tun? Sie brauchen schon den ganzen Tag dazu, genug zu essen aufzutreiben.«

Das Wichtigste in Saddam City sind die Scheichs, die Stammesoberhäupter. Sie geben Ratschläge und lösen Probleme, ehe sie bei Gericht anhängig werden. »Rückzahlung von Krediten, Eheschließungen und Streit unter Nachbarn«, erklärt Scheich Namah abd Al-Aliawi seine Betätigungsfelder. Er ist einer von mehreren tausend Scheichs in Saddam City. Sie sind die Oberhäupter von Stämmen oder Klans, die ein paar hundert oder auch ein paar tausend Mitglieder haben können.

»Jetzt bereiten wir uns auf den Krieg vor«, sagt der Scheich und bittet einen seiner Söhne, seine Kalaschnikow zu holen. Sie ist funkelnagelneu.

Die Schiiten in Saddam City lassen sich folgendermaßen beschreiben: Land, Nation und Präsident sind ihnen gleichgültig. Das Wichtigste ist der Stamm oder Klan. Für den würden sie in den Tod gehen. Aber das kann der Scheich nicht sagen.

»Wir werden den Feind besiegen«, sagt er, ein Echo der Propaganda Saddam Husseins. Er muss dabei nicht einmal Luft holen, als er ohne Inbrunst und Enthusiasmus das Echo verlängert: »Möge die Wüste zum Grab für den Aggressor werden.«

Der Scheich ist ein Heeresoffizier im Ruhestand. Er lebt von seiner staatlichen Pension und von der Unterstützung seines Klans. Um Überleben zu können, bedient er sich der verbreitetesten Einnahmequelle in Bagdad. Er hat sich ein Auto gekauft und ist Taxiunternehmer. Seine Söhne teilen sich die Schichten.

»Ach ja, alles ist schlechter geworden. Das Embargo, die Sanktionen. Früher hat man noch von seinem Lohn leben können«, klagt er.

Auf dem Saddam-Platz sitzt Yassir. »Früher war es hier sehr schön«, sagt er. »Am Straßenrand wuchs Gras, die Straßen wurden gefegt, und es gab nicht wie jetzt offene Abwasserkanäle. Schauen Sie sich nur den Grünstreifen in der Mitte der Straße an. Eine Wüste. Alles Grün ist vertrocknet.«

Am Kreisverkehr, dem Saddam-Platz, gibt es jedoch immer noch etwas Farbe: Ein riesiges Gemälde des Präsidenten vor einem Fond, auf dem Szenen aus der irakischen Geschichte abgebildet sind. Märtyrer auf weißen Pferden, eine üppige Scheherazade aus *Tausendundeiner Nacht* bis hin zu den neuesten Militärfahrzeugen sind hier am Kreisverkehr malerisch verewigt.

»Das ist das Schönste, was wir hier im Stadtteil haben«, sagt Yassir von dem enormen Porträt. »Wir sind sehr stolz auf den Namen unseres Stadtteils«, sagt er zur großen Zufriedenheit unserer beiden offiziellen Führer.

In einem gut besuchten Teehaus wagt sich ein Iraker freier über Saddam City zu äußern: »Ich glaube nicht, dass die Leute dort einen Aufruhr wagen. Wenn es zu Kämpfen kommt, werden sich die meisten in ihren Häusern verstecken«, meint er mit leiser Stimme.

»Niemand wird zu den Waffen greifen, wenn das Regime schnell fällt. Dann werden wir auf den Straßen tanzen. Aber es ist ungewiss, was passiert, wenn sich die Kämpfe in die Länge ziehen«, sagt er und schaut sich unruhig um. »Dieser Ort ist wie ein großer See voller Dreck. Nichts bewegt sich an der Oberfläche. Es stinkt einfach nur. Wir brauchen Hilfe, um einen großen Stein in diesen See zu werfen. Darauf warten wir alle, dass etwas passiert.«

SONNTAG, 23. FEBRUAR 2003

Sprünge in den menschlichen Schutzschilden

Die menschlichen Schutzschilde strömen zu hunderten nach Bagdad. Sie wollen sich an strategischen Einrichtungen festketten, um zu verhindern, dass diese bombardiert werden. Mehrere dieser Pazifisten beginnen jedoch bereits, den Druck der irakischen Behörden zu spüren, die ihnen das Hotel, das Essen und die Reise ins Land bezahlen.

Zwei doppelstöckige Omnibusse aus London rollen langsam durch die Straßen von Bagdad. Vor ihnen her fährt ein Personenwagen, der den Weg weist, und zwei Verkehrspolizisten auf dem Motorrad. Die Leute schauen zu den Bussen hoch, in denen das bunte Völkchen der Pazifisten sitzt und durch die Fenster winkt. Ein paar Leute auf der Straße winken zurück, andere sehen einfach rasch wieder nach unten auf den Asphalt, als würde sie das alles nichts angehen. Wenn sie nur wüssten: Die Leute in den Bussen sind gekommen, um sie vor den Bomben zu retten. Sie wollen in Wasser- und Elektrizitätswerke einziehen und sich neben Brücken und Telefonzentralen niederlassen.

»Die Iraker sind wahnsinnig froh, dass wir hier sind. Überall wird uns ein phantastischer Empfang bereitet«, erzählt Katarina Søderholm. Sie ist Ende Januar in Norwegen losgefahren und jetzt seit einer Woche im Irak.

»Die Amerikaner sind der Meinung, dass ein westliches Leben mehr wert ist als ein irakisches. Es wird ihnen schwer fallen, den Irak zu bombardieren, wenn wir hier sind«, glaubt sie fest.

»Ich würde am liebsten in ein Krankenhaus oder Kinderheim geschickt werden«, sagt Katarina, die in Norwegen zwei Kinder hat. »Meine eigenen Kinder sind mir natürlich sehr teuer, weil sie meine sind, aber irakische Kinder sind mindestens ebenso viel wert. Ich bin hergekommen, um sie zu beschützen«, sagt sie und lehnt sich dann wieder zum Fenster vor, um den irakischen Passanten zuzuwinken wie eine Königin.

Katarina ist so etwas wie eine Galionsfigur der menschlichen Schutzschilde. In der Türkei war sie auf der ersten Seite aller Zeitungen. »Gott verdamme den, der diesen Engel bombardiert«, lautete die Schlagzeile.

Wie Katarina haben viele der menschlichen Schutzschilde den Irakern mitgeteilt, dass sie lieber in Kinderheimen und Krankenhäusern untergebracht werden wollen, als direkte Angriffsziele, die Infrastruktur des Landes, zu beschützen. Dem versuchen die irakischen Behörden entgegenzuwirken. Die menschlichen Schutzschilde nützen dem Regime überhaupt nicht, wenn sie in Krankenhäuser einziehen.

»Langsam spüren wir den Druck. Der Mann vom Außenministerium, der uns begleitet, wurde wütend, als ihm klar wurde, dass viele kalte Füße bekommen hatten«, erzählt einer der Aktivisten, der anonym bleiben will.

»Erinnert euch daran, warum ihr hier seid«, sagte er streng. »Mir ist bei der ganzen Sache auch nicht mehr wohl. Wir haben keine Garantie dafür, dass uns die Iraker nicht einen Tag, bevor die ersten Bomben fallen, an strategischen Zielen festketten, sowohl militärischen als auch zivilen.«

Da der verarmte irakische Staat alles bezahlt, das Hotel, Mittag- und Abendessen und Flüge innerhalb des Landes, erwarten die Behörden eine gewisse Disziplin. Die Aktivisten fühlen sich von der Organisation missbraucht, die von dem amerikanischen Golfkriegsveteranen Ken O'Keefe geleitet wird.

»Alles wird über unsere Köpfe hinweg entschieden, entweder von den Irakern oder von der Organisation«, erzählt mein Informant.

»Alle entscheiden selbst«, unterstreicht dagegen Ken O'Keefe. »Es gibt im Augenblick keine edlere Aufgabe, als im Irak ein menschliches Schutzschild zu sein. Ich hoffe, dass diese Woche noch tausende hierher strömen. Ich bitte alle, in ihre Herzen zu lauschen. Denn dein Herz sagt dir, dass du hierher kommen musst.«

»Hauptsächlich sind wir hier, um den Krieg zu verhindern«, meint Asgeir Wølner aus Oslo, »erst dann, um unsere Solidarität mit der Zivilbevölkerung zu demonstrieren.«

»Der Westen hält die gesamte arabische Welt für eine Bande halb irrer Fundamentalisten. Wir wollen versuchen zu zeigen, dass es sich um ganz normale Menschen handelt«, sagt Sjur Cappelen Papazian, der mit einer Frau verheiratet ist, die aus dem Irak geflohen ist.

Die Busse fahren Richtung Süden zum Stadtrand von Bagdad. Sie kommen an Kasernen vorbei, die hinter neu errichteten Mauern aus Sandsäcken verschwinden, an einer Brücke und an mehreren Stellungen, die eingegraben sind, wahrscheinlich für Luftabwehrraketen.

Beim Elektrizitätswerk stoßen die Aktivisten auf ein riesiges Gemälde von Präsident Saddam Hussein. Hinter den Mauern gibt es weitere. Die Arbeiter begrüßen die Pazifisten, die aus den Bussen strömen, mit großen Bildern von Saddam Hussein und Parolen für den Präsidenten. Er sei »in ihrem Herz und in ihrer Seele«.

Einige der Aktivisten breiten ein langes Spruchband aus: »Nein zum Krieg«. Aber als sich die Arbeiter mit den Präsidenten-Plakaten neben sie stellen, rollen sie es rasch wieder ein.

Die menschlichen Schutzschilde sind dafür kritisiert worden, dass sie sich vom irakischen Regime zu Propagandazwecken missbrauchen lassen. Mehrere sind von den irakischen Medien interviewt worden. Sowohl in den Zeitungen als auch im Fernsehen ist ausführlich über sie berichtet worden. Es hieß, dass sie ebenfalls das Regime unterstützen würden.

»Es ist nicht zu vermeiden, dass wir ein Teil der irakischen

Propaganda werden, obwohl wir immer unterstreichen, dass wir das irakische Volk unterstützen. Schließlich brauchen wir die Iraker, um alles zu organisieren. Uns sind also die Hände gebunden«, räumt Katarina ein.

Nur 15 menschliche Schutzschilde haben sich an diesem Tag für das Elektrizitätswerk im Süden Bagdads verpflichtet. Mehrere versuchen, sich von dem Auftrag zurückzuziehen.

»Als ich hierher kam, bekam ich kalte Füße«, erzählt der Franzose Asdine Aissou, den seine Gewerkschaft CGT geschickt hat, um die irakischen Arbeiter zu unterstützen. »Ich habe es abgelehnt, als menschliches Schutzschild zu fungieren. Viele von den anderen kann man nicht ernst nehmen. Das Durcheinander ist zu groß. Außerdem lachen uns die Iraker aus.«

Asdine wurde von einer irakischen Familie, bei der er zu Besuch war, vollkommen überrascht: »Schluss mit dem Unsinn«, sagte diese zu ihm. »Wir wollen den Krieg, damit wir unseren Diktator endlich loswerden.«

»Es fragt sich, ob wir ihnen tot nicht nützlicher sind als lebendig. Niemand garantiert uns, dass die Iraker uns nicht umbringen und dann vorführen: Schaut her, was die Bomben angerichtet haben«, meint ein norwegischer Aktivist, der ebenfalls namentlich nicht genannt werden will. Er hat es sich mit dem Schlafsack als Kopfkissen auf dem Feldbett bequem gemacht in dem Raum, den er zugewiesen bekommen hat. An der Wand über ihm hängt ein weiteres Bild des irakischen Präsidenten.

»Das stößt einem etwas sauer auf«, sagt er. »Schauen Sie sich um: Auf der einen Seite ist eine Kaserne, auf der anderen eine Brücke. Vielleicht kommen die Truppen auch hierher. Wir könnten die Geiseln von Saddam Hussein werden. So viel wie die Medien schon über uns berichtet haben, werden uns die Leute mit dem Regime in Verbindung bringen. Und wenn dieses Regime jetzt untergeht und es einen Bürgerkrieg gibt? Was sollen die Leute glauben, auf welcher Seite wir stehen?«

»Wieso bleiben Sie dann?«

»Das tue ich gegen bessere Vernunft. Eigentlich weiß ich, dass ich weg sollte, aber mein Instinkt sagt mir: Bleib. Das ist wie bei Kierkegaard«, philosophiert er. Auf dem Hocker neben ihm liegt *Tausendundeine Nacht*.

»Ich weiß, was für ein Risiko ich eingehe, aber ich habe keine Angst. Wenn ich umkomme, werde ich einen glanzvollen Tod erleiden, und wenn es mir gelingt, werde ich meinem Land einen großen Dienst erwiesen haben«, sagt Scheherazade, die Heldin in *Tausendundeine Nacht* zu ihrem Vater, ehe sie sich zu dem nach Blut dürstenden Sultan begibt und beginnt, ihm tausendundeine Nacht lang Geschichten zu erzählen.

Es wird sich zeigen, ob die menschlichen Schutzschilde ebenso tollkühn sind wie sie.

Buchhändler in Bagdad

Eine Erstausgabe der Reisebeschreibungen von *Die sieben Säulen der Weisheit* von Thomas Edward Lawrence? Saddam Husseins gesammelte Werke auf Französisch? Zwanzig Jahre alte Hefte des *Life Magazin*? Der Koran mit Goldschnitt? In der El Mutenebi Straße in Bagdad steht ein Buchhändler neben dem anderen. Einige verkaufen ihre eigenen Bibliotheken, die meisten die von anderen.

»Interessieren Sie sich für Lyrik?«, fragt Isam. »Hier habe ich Gedichte, die Soldaten während des Krieges gegen den Iran geschrieben haben. Eine starke Anthologie.« Er erhebt sich von seinem Hocker. Vor ihm auf der Erde liegt eine Reihe Bücher, die meisten zerlesen und mit Eselohren. Isam seufzt. »Ich bin selbst Lyriker, aber jetzt arbeite ich als Korrekturleser und Bücherverkäufer. Von Gedichten allein kann man nicht leben. Wollen Sie vielleicht ein Buch mit Heldengedichten?«

Neuerscheinungen sind im Irak politisch korrekt. Meist geht es um den Kampf des Guten gegen das Böse. Der Held besiegt den Feind. Es geht um arabische Identität, den Mut der Araber, um das harte Leben während der Sanktionen, während des Kriegs gegen den Iran und während des Golfkriegs. Einer der neuesten irakischen Autoren ist angeblich der Präsident selbst. Vor zwei Jahren erschien *Zabiba und der König*: Zabiba lebt im Jahrhundert vor Christus in einer lieblosen Ehe. Der König begegnet ihr, und sie sprechen über Gott, Loyalität, Liebe und den Willen des Volkes. An einer Stelle wird Zabiba vergewaltigt, angeblich eine Allegorie auf die Invasion des Irak durch die Amerikaner während des Golfkriegs. Das Buch endet mit Zabibas Tod am 17. Januar, dem Tag, an dem damals die Bombardierung Bagdads begann. Und angeblich ist Saddam Hussein der Autor.

Ein gut gekleideter Mann sitzt in der Hocke und blättert in Isams Büchern. Er sucht nach einem Buch von Jean Paul Sartre. »Der Existenzialismus passt gut in unsere Zeit. Durch ihn habe ich viel über mich erfahren, über das Verlangen des Individuums nach Freiheit und die Begrenzung durch die Gesellschaft«, sagt Latif, ein EDV-Ingenieur. »Es ist schwierig, am Ball zu bleiben. Seit zwölf Jahren hat der Irak keine einzige wissenschaftliche Zeitung mehr importiert. Schauen Sie sich doch um: Hier liegen nur alte Bücher. Wir haben keine Ahnung davon, was seit dem Ende des Golfkrieges 1991 auf der Welt geschrieben wurde. Hier gibt es wirklich viele schöne alte Titel, aber ich sehne mich nach neuen Gedanken. Ich habe mich etwas mit dem Strukturalismus befasst und würde gern mehr darüber lesen.«

Der Junge neben ihm sucht nach Büchern über das Klonen. »Ich habe gehört, dass es möglich sein soll, Menschen zu klonen«, meint er, aber auch er findet keine Bücher zu seinem Thema. »Die Iraker waren immer ganz vernarrt in Bücher. Das ist unsere Nahrung, neben der Liebe ist das alles, was wir brauchen«, sagt Isam und deklamiert eines seiner eigenen Gedichte über einen Mann, der von Liebe verzehrt wird, es jedoch nicht über sich bringt, gegenüber seiner Angebeteten seine Liebe zu bekennen.

Traditionell gelten die Iraker als das wissbegierigste Volk im Mittleren Osten. »Ägypten schreibt, der Libanon druckt, der Irak liest«, lautet ein Sprichwort. Bevor in den achtziger Jahren die Kriege begannen, hatte der Irak die gebildetste Bevölkerung der arabischen Welt. Jetzt ist das Schulsystem zusammengebrochen, fünf Millionen Menschen haben das Land verlassen, darunter zwei Millionen mit akademischer Ausbildung.

Der Kurde Jalal hat sich auf Geschichte spezialisiert. Auf einem zusammenlegbaren Regal stehen Bücher über Mesopotamien, das Land zwischen Euphrat und Tigris, Babylons hängende Gärten und den mythischen Turmbau zu Babel. »Ich kaufe billig bei alten Leuten ein und verkaufe teuer weiter.« Jalal lacht, wird aber rasch wieder ernst. »Eigentlich ist das ganz schön traurig. Die Leute verkaufen, was sie ihr ganzes Leben lang gesammelt haben, vielleicht sogar über mehrere Generationen hinweg, um jetzt ein paar Mahlzeiten zu bestreiten oder Medizin für das Enkelkind zu kaufen, das an Masern erkrankt ist.«

»Das System«, sagt er leise, »macht uns fertig. Kennen Sie unsere Geschichte? Wissen Sie, was in diesem Land passiert ist? Das ist schlimmer als eine Diktatur. Viel schlimmer, sehr viel schlimmer.«

Plötzlich verschwindet Jalal die Straße entlang. Er gibt mir ein Zeichen, zu warten. Als er zurückkommt, steckt er ein Buch in meine Tasche. »Lesen Sie das, dann begreifen Sie alles. Der Autor wurde…« flüstert Jalal und streicht mit dem Zeigefinger quer über seinen Hals, »…vom Regime. Kommen Sie wieder, wenn Sie es gelesen haben, aber zeigen Sie es keinem. Das kann mir zwanzig Jahre Gefängnis einbringen.«

»Warum riskieren Sie das?«

»In diesen Zeiten ist das Leben eh schon gefährlich. Gehen Sie jetzt.«

Mit dem illegalen Buch in der Tasche schlendere ich die Bücherstraße weiter. Hinter jedem Bücherstapel sitzt oder steht ein Mann, meist zusammen mit ein paar Freunden und mit einem Glas Tee in der Hand. Die Teeverkäufer gehen mit dampfenden Kannen herum und schenken für ein paar Dinar nach. Im Staub der Straße liegen die Bücher, aber nur die legalen. Jedes Buch muss einen Aufkleber haben, dass es von der Zensur genehmigt ist. Bücher zu verkaufen, die die Zensur nicht passiert haben, ist verboten und mit strengen Strafen belegt, von sechs Monaten Gefängnis bis hin zur Todesstrafe. Diese Bücher sind nicht in der Sonne ausgebreitet, sondern liegen in dunklen Hinterzimmern und Kellern.

Ein paar Treppenstufen nach unten in einem kleinen Verschlag sitzt Mohammad. Er hat sich auf westliche Literatur spezialisiert. In seinen Regalen steht so ziemlich alles, angefangen mit *Das wüste Land* von T.S. Eliot bis hin zu *Mysterien* von Knut Hamsun. Auf dem Verkaufstisch liegt Dantes *Göttliche Kommödie* neben Mohammads Lesebrille. »Ein phantastisches Buch«, sagt er. »Ich beschäftigte mich gerade mit der Hölle.«

Mohammad fing während des Kriegs zwischen dem Iran und dem Irak als Buchhändler an. Der Besitzer des Geschäfts wurde eingezogen und bat ihn darum, den Laden zu hüten. Mohammad beendete die Vorlesungen an der Universität und saß den ganzen Tag im Laden und las. Der Buchhändler kam nicht aus dem Krieg zurück, und Mohammad übernahm das Geschäft. Jetzt ist er bereits seit 15 Jahren dort. »Der Laden ist mein Ein und Alles. Hier lebe ich, hier leide ich«, sagt er. »Denn das Leben hier ist ein einziges Leiden, müssen Sie wissen. Die Bücher retten mich.«

In einem anderen staubigen Laden sitzt ein älterer Mann hinter einem Schreibtisch. Die wenigen Haare auf dem Kopf hat er nach hinten gekämmt. Er hat große braune Zähne und schwere Tränensäcke unter den Augen.

»Haben Sie irakische Literatur auf Englisch?«

Schwerfällig erhebt sich der Buchhändler. Er beugt sich vor, sucht im untersten Fach des Regals und zieht zwei Bücher hervor. Das eine ist Edwyn Bevans Klassiker *Das Land zwischen den zwei Flüssen* von 1918. »Hier können Sie nachlesen, wer wir einmal waren«, sagt er. Das andere Buch heißt *Die langen Tage*. »Das müssen Sie lesen, das handelt von ihm«, sagt der Buchhändler.

»Von wem?«

»Von *Ihm*. Jugendjahre, Kämpfe, Persönlichkeitsentwicklung.«

»Ist es gut?«

Der Buchhändler weicht meinem Blick nicht aus. »Wer weiß«, entgegnet er, »es ist obligatorisch.«

»Haben Sie es gelesen?«

»Nein, aber ich habe den Film gesehen. Ich weiß jedenfalls, wovon es handelt.«

Die langen Tage erschien in den siebziger Jahren in einer Auflage von mehreren Millionen Stück. Es wurde an alle Mitglieder der Baath-Partei verteilt, bei Parteiversammlungen dient es als Diskussionsgrundlage zur Beantwortung der Frage, welche Charaktereigenschaften ein Mensch haben soll. Die Erzählung beginnt an einem Nachmittag auf der al-Rashid-Straße in Bagdad. Eine Gruppe junger Männer wartet auf eine Autokolonne. »Der zurückhaltendste und aufrichtigste von ihnen war Muhammed. Aufmerksam hörte er immer demjenigen zu, der gerade sprach. Er vergaß nichts. In seinem Kopf hatte er seit seiner Kindheit viele Geheimnisse bewahrt.« Das Vorbild der Figur Muhammed ist Saddam Hussein. Die jungen Männer an der Straßenecke planen ein Attentat auf den Ministerpräsidenten, der das Volk »unterdrückt und ausnützt«. Das Attentat auf den Ministerpräsidenten Abdul Karim Qasim war der Anfang der politischen Karriere von Muhammed alias Saddam Hussein und der Anfang einer Unterdrückung, die ihresgleichen sucht.

»Die, die übrig sind, sterben langsam«, sagt der Buchhändler. »Wir leben in einem Albtraum, für den es keine Worte gibt. Wir haben Angst vor unserem eigenen Schatten und verlassen uns nicht einmal auf unsere Freunde. Die Angst hat uns kaputtgemacht. Wir brauchen ein Erdbeben. Alles muss mit der Wurzel ausgerissen werden. Aber der Preis dafür ist hoch. Ich bin Araber und irakischer Nationalist, und ich hasse die USA und ihre Weltherrschaft. Aber für den Irak gibt es keinen anderen Ausweg. Lass die amerikanischen Teufel kommen und es hinter uns bringen. Aber es könnte einen fürchterlichen

Bürgerkrieg geben, Araber gegen Kurden, Moslems gegen Christen, Sunniten gegen Schiiten. Wie früher wird es nie mehr werden.«

Seine zwei Kunden nicken zustimmend. Es sind Studenten, der eine studiert Literatur, der andere Philosophie. »In den Siebzigern war das hier ein schönes Land. Wir hatten das beste Schulsystem und das beste Gesundheitswesen in der arabischen Welt. Das Öl machte das Volk reich. 1990 besaß ich einen Mercedes«, sagt der Buchhändler. »Jetzt habe ich nur noch meine zwei Beine. Außerdem lesen die Leute nicht mehr. Sie studieren auch nicht. Schauen Sie sich die beiden hier an«, sagt er und deutet auf die beiden jungen Männer. »Sie suchen nach Lehrbüchern, aber die gibt es nicht. Ich habe ein paar Seiten für sie kopiert, aber schauen Sie nur, wie schlecht der Druck ist. Außerdem haben die beiden gar keine Zeit zu studieren, sie müssen arbeiten.«

Mansur hat sein Examen schon mehrmals verschoben. »Ich muss meiner Familie helfen und habe damit begonnen, mit Ersatzteilen zu handeln«, erzählt der Literaturstudent. Der Philosophiestudent besitzt ebenfalls einen kleinen Laden.

»Was verkaufen Sie?«

»Wie heißt das noch gleich?«, fragt er. Er sucht nach dem Wort.

»Trödel«, hilft ihm der Literaturstudent.

»Es ist eine Tragödie, dass die Leute aufgehört haben zu lesen. Jeder hat drei Jobs und keine Zeit für Bücher. Außerdem braucht man Ruhe zum Lesen, nicht wahr? Das ist unmöglich, wenn das Leben keinen Zusammenhang mehr hat. Früher las ich ein Buch pro Tag, jetzt schaffe ich nicht einmal mehr eines im Monat. Die Leute können sich auch keine Bücher mehr leisten, und die Bibliotheken funktionieren nicht. Sie sind geplündert«, meint der Buchhändler. »Von den Angestellten. Einige der Bücher finden Sie hier auf dem Buchmarkt wieder.« Der Buchhändler wird nervös. Wir haben uns lange unterhalten. »Das habe ich bisher noch zu niemandem gesagt. Hier, nehmen Sie die Bücher mit, gehen Sie nach Hause und lesen Sie.«

Erst als ich wieder in meinen vier Wänden bin, packe ich das verbotene Buch aus, das ich von dem ersten kurdischen Buchhändler bekommen habe. *Von der Revolution bis zur Diktatur. Irak seit 1958* heißt es. Wie zehntausende andere Intellektuelle wurde der Autor vom Regime ermordet. In dem anderen Buch findet sich eine Beschreibung Bagdads während seiner Blütezeit im 8. Jahrhundert: »Bagdad war die reichste Stadt der Welt. Am Flussufer drängten sich die Boote. Sie brachten Porzellan aus China, Gewürze aus Indien, Sklaven aus der Türkei, Goldstaub aus Ostafrika und Waffen aus Arabien.«

Die goldenen Zeiten sind vorüber. Weder Perlen noch Elfenbein finden den Weg nach Bagdad. Waffen hingegen finden immer ihren Weg.

MITTWOCH, 5. MÄRZ 2003

Rette sich, wer kann

Die wohlhabenden Stadtteile von Bagdad werden immer leerer. Möbel werden mit Tüchern abgedeckt, Türen verschlossen, Autos weggefahren. Diplomaten, UNO-Personal und Bagdads Elite verlassen aus Angst vor den amerikanischen Bomben das Land. In den vielen Armenvierteln der Stadt ist jedoch alles unverändert – dort können die Leute nicht einfach verschwinden.

Der Tag ist schon weit fortgeschritten, aber Fatima trägt immer noch einen Morgenmantel aus hellrosa Samt, der mit goldenen Rosen bestickt ist. Fatima und ihre Kinder sind zu Hause und warten. Sie haben das Notwendigste gepackt und gedulden sich, bis der Herr des Hauses entscheidet, dass es endlich an der Zeit ist, sie in Sicherheit zu schicken. Das Notwendigste macht nur einen verschwindend geringen Teil ihres Besitzes aus, denn die Familie hat einfach alles: einen Palast von 2000 Quadratmetern, fünf Bäder aus italienischem Marmor und fünf Kinder im Schulalter. Allein das Wohnzimmer ist so groß wie eine großzügige Stadtwohnung in einem der besten Stadtteile von Berlin, München oder Hamburg, und es ist meistens unbenutzt, denn sie haben nur selten Gäste. An den Wänden der Bibliothek stehen Regale ohne Bücher. »Wir haben noch keine gekauft«, sagt Fatima. Die Wohnzimmerwände der Villa im Bezirk al-Wasiriya sind zehn Meter hoch, und vor den Fenstern hängen schwere Gardinen aus Brokat. Fatima gehört zu den wenigen Einwohnern Bagdads, denen trotz der Sanktionen nie etwas gefehlt hat. »Wenn man

Geld hat, bekommt man alles. Auch ausgefallene Medikamente. Die kommen auf dem Landweg aus Jordanien«, erzählt sie, während das Dienstmädchen Kaffee in kleinen orientalischen Tassen serviert. Aber auch die Reichsten können sich von der Bedrohung durch die amerikanischen Bomben nicht freikaufen, und viele von ihnen haben beschlossen, zu verschwinden.

»Nach Jordanien. Da haben wir Verwandte. Wir haben noch ein paar Tage Zeit, aber der Krieg lässt nicht mehr lange auf sich warten. Bush ist fest entschlossen«, sagt sie resigniert und schaut sich im Wohnzimmer um.

»Hier ist es nicht sicher. Das Haus ist zwar solide, aber es gibt zu viele Fenster. Außerdem ist das ganze Viertel nicht sicher.« Fatima seufzt. Die reiche Frau wirkt träge. Sie geht nur selten aus, und für das meiste hat sie Personal. Bei der Evakuierung hatte sie nicht mitzureden. »Allah bestimmt, wann unsere Zeit auf Erden abgelaufen ist, und mein Mann hielt es für das Beste, dass wir fahren. Er selbst bleibt hier, um sich um die Geschäfte zu kümmern.«

Fatimas Mann ist Holzhändler. Er hat enorme Summen an den Sanktionen gegen den Irak verdient und sich so diesen Palast im Stadtteil al-Wasiriya bauen können, in dem auch mehrere von Saddams höchsten Beamten ihre kleinen Schlösser besitzen.

»Das ist der andere Grund, warum es hier nicht sicher ist. Viele von seinen Männern wohnen hier«, vertraut Fatima uns an und beschreibt mit den Händen fallende Bomben. »Ihre Häuser werden als Erstes angegriffen.«

In einem der schickeren Restaurants in der Einkaufsstraße Al Arasat sitzt Ani mit ihrem Ehemann Alaw. Er besitzt das Lokal, in dem der UNO-Chefinspektor Hans Blix und sein Kollege Mohammed El Baradei während ihrer Besuche in Bagdad mit Vorliebe aßen.

Ani hat rotblond gefärbtes Haar, eine Menge Ringe an den Fingern und trägt ein elegantes Kostüm aus braunem Tweed. Ihr Leben besteht aus Vormittagen im Schönheitssalon, Abenden in den privaten Clubs Bagdads und dazwischen langen Stunden zu Hause. »Das Leben hier ist langweilig. Alles ist so tot, nichts passiert«, klagt sie, wohl wissend, dass die Tage der Langeweile in Bagdad wahrscheinlich bald vorbei sein werden. Auf diese Art der Spannung können die meisten verzichten. Jetzt versucht Anis Mann, sie und ihren Sohn von der Langeweile und Spannung loszukaufen.

Letztes Jahr war Anis Mann in Deutschland und kam von dort mit dem neuesten Mercedes zurück. Dieses Jahr hatte er bei seiner Rückkehr nichts dabei. Er war nach Deutschland gefahren, um für seine Frau und seinen Sohn eine Aufenthaltsgenehmigung zu beantragen, damit ihnen der erwartete Blitzkrieg der Amerikaner erspart bleibt. Er weiß, dass ihr 1000 Quadratmeter großes Zuhause mit DVD, Granitböden und europäischen Möbeln keinen besonderen Schutz vor Bomben bietet.

»Für ein Visum für Deutschland muss ich bei einer Bank in Jordanien 100 000 Dollar als Sicherheit hinterlegen«, erklärt Alaw. »Doch selbst wenn ich das tue, ist nicht garantiert, dass sie wirklich eins ausgestellt bekommen. Wenn es nicht klappt, bleibt immer noch der Bauernhof vor den Toren von Bagdad, oder Jordanien. Aber mir wäre es lieber, wenn ich sie ganz hier aus der Region bekäme, nach Europa. Dort ist es sicher.«

In einem anderen Teil Bagdads sitzt Haider Wady mit seinen beiden besten Freunden. Sie treffen sich immer im Künstlercafé »Sjanbandar« im Souk Saraj, einem der ältesten Stadtteile Bagdads. Hier versammeln sich Lyriker, Maler, Theaterregisseure und Professoren, rauchen Wasserpfeife, trinken Tee oder genießen die Spezialität des Hauses: Heißen Zitronensaft mit Gewürzen und Zucker. Die drei Freunde nehmen Abschied. Haider fährt nach Damaskus. In Syrien will er ein Visum für Spanien beantragen. Haider ist einer der jungen und vielversprechenden Bildhauer des Irak und hat bereits mehrmals in Bagdad ausgestellt. Jetzt will er sein Glück in Syrien versuchen. Aber er hofft, irgendwie nach Europa weiterzukommen. Im Gepäck hat er zwanzig Skulpturen. Sie alle haben dasselbe Motiv: Eine zierliche Frau mit Flügeln versucht vom Boden abzuheben, aber sie hat kräftige Beine, die sie am Boden halten. Die Frau kämpft gegen einem Drachen.

Diese Symbolik passt an diesem Tag auch für Haider. Der Abschied fällt ihm schwer. »Ich lasse meine Familie zurück, meine Mutter und meine Schwestern. Das ist kein gutes Gefühl«, sagt er traurig. »Aber ich habe noch so viel im Leben vor. Und da ich die Möglichkeit habe, den Bomben zu entkommen, fahre ich. Was hat ein Künstler schon in einem Krieg zu suchen, alle Galerien schließen, und alle wollen ihre Kunstwerke verkaufen. Aber niemand kauft etwas.«

Seine Freunde, der Maler Isam und der Bildhauer Akhmad, sind der gleichen Meinung. Sie würden auch gerne fahren, haben aber nicht die Möglichkeit. »Ich muss hier bleiben und Kriegsbilder malen.« Isam lacht. Normalerweise malt er abstrakte und grellbunte Bilder, leuchtend rot, gelb, orange und grün. »Wenn der Krieg vorbei ist, veranstalte ich eine große Ausstellung«, sagt er träumerisch. »Alle, die hier bleiben, werden sich auch weiterhin ungeachtet der Bomben jeden Tag in diesem Café treffen. Wir haben keine Angst. Wir überleben auch das. *Inschallah*, so Gott will.«

Die drei Freunde hängen ihren Gedanken nach. Im Künstlercafé unterhält man sich halblaut. Einige sind schwermütig, andere sorgloser.

Vor dem »Sjahbandar« steht ein kleiner Junge und verkauft Bonbons. Die Leute geben ihm Geld, nehmen seine Bonbons jedoch nicht an. Der kleine Bettlerjunge wird sich vor den

Bomben nicht retten können. Er kann nur hoffen, dass ihn jemand in einen Keller oder Bunker mitnimmt und ihm die Ohren zuhält, damit er nichts hört.

Biete grünes Plüschsofa, brauche Sandsack

Was soll man mit einem grünen Plüschsofa, wenn der Krieg näher kommt? Oder mit einem Geschirr für zwölf Personen? In Bagdad versuchen alle, überflüssige Dinge loszuwerden, um das Wichtige zu lagern: Lebensmittel, Benzin und Wasser. Auf Bagdads unzähligen Auktionsmärkten ist die Nachfrage größer als das Angebot.

»Irakischer Stahl! Hart und rostfrei!«

Auf einem großen, staubigen Platz in Bagdad stehen Männer auf Kisten und rufen einen Gegenstand nach dem anderen aus. Um sie herum: Unmengen von Möbeln und Haushaltsartikeln, alles gebraucht. Daneben die Leute, die entweder etwas brauchen oder etwas loswerden wollen.

»Sie sollten Ihr Hemd bügeln, Mann!«, ruft der Auktionator. Alle lachen, das Ganze ist in einer Stadt, in der die Freizeitangebote begrenzt sind, auch Unterhaltung. Aber obwohl an Witzen nicht gespart wird, bleibt das Bügeleisen unverkauft.

»5000 Dinar«, ruft der Auktionator. »Ich fange bei 5000 an! Ein Spottpreis, es ist viel mehr wert, bietet jemand mehr?«

Niemand hebt die Hand, und das irakische Bügeleisen aus rostfreiem Stahl zum Preis von umgerechnet etwa zwei Euro bleibt unverkauft. Ein Bügeleisen braucht jetzt niemand. Eimer und Spaten zum Brunnengraben im Hof werden benötigt, Klebeband, um die Fensterscheiben zu sichern, Sandsäcke für die Wände, warme Decken für die Luftschutzkeller, Laternen, Taschenlampen und Streichhölzer. Ein Vater kauft Kopfhörer, damit seine Kinder Musik hören können, während die Bomben fallen.

Einige Nachbarn haben sich zusammengetan, um einen gebrauchten Generator zu ergattern. »Falls die Elektrizitätswerke bombardiert werden brauchen wir den. Wir wollen ihn abwechselnd verwenden, damit die ganze Straße etwas davon hat«, sagen zwei kräftige Männer, die Vertreter der Nachbarschaft. Aber an diesem Abend steht kein Generator zum Verkauf. Hingegen sind ein Service mit hellblauem Muster aus über zweihundert Teilen, ein weiteres mit gelben Rosen aus dünnem Porzellan mit Goldkante, ein paar Spiegel, eine Personenwaage, ein Radio, ein Fernseher, Tassen und Schüsseln in allen Größen, Öfen, Stühle und Matratzen im Angebot.

Eine Dame streicht nachdenklich über die Goldkante des einen Services, dann zieht sie ihren Mantel enger um sich und geht weiter. Ein paar Kinder lachen laut. Sie haben ein rosafarbenes Puppenhaus entdeckt. Ihre Eltern folgen konzentriert den Ausrufen des Auktionators.

Auf einem grünen Püschsofa sitzt Duraid al-Swab mit seiner Tochter Sera. Sie warten darauf, dass ihr Sofa aufgerufen wird. Sie hoffen, dass jemand kommt, es sich anschaut und kauft. »Wir fanden, dass wir es nicht mehr brauchen. Es war eigentlich immer zu groß und stand im Weg. Außerdem brauchen wir Geld«, erklärt Duraid, der Ingenieur bei einem staatlichen Betrieb ist. »Sie wissen schon, niemand weiß, wie es weitergehen wird.« Wie die meisten anderen Iraker glaubt Duraid, dass der Krieg und die Bomben jederzeit kommen können. Er glaubt weder an ein Ultimatum noch an eine letzte Warnung. »Bush will diesen Krieg, und dann macht er, was er will, wann immer er will. Daran können wir nichts ändern«, meint Duraid auf seinem weichen Plüschsofa.

Seit der Invasion von Kuwait 1990 ist der irakische Lebensstandard drastisch gesunken. Nach zwölf Jahren mit Sanktionen und Embargos ist besonders in der Mittelklasse die Kaufkraft ins Bodenlose gefallen. Anwälte, Ingenieure, Ärzte und Lehrer kämpfen, um ein paar Dinar extra zu verdienen. Entweder haben sie mehrere Jobs oder sie fahren abends Taxi oder aber sie verkaufen ihre Habseligkeiten. Die Löhne sind fast wertlos, da der irakische Dinar in den letzten zwanzig Jahren 8000 Prozent seines Wertes verloren hat.

Diese Abwärtsspirale begann 1980, als Saddam Hussein beschloss, den Iran anzugreifen. Dieser Krieg dauerte acht Jahre, der Preis war hoch, sowohl in Menschenleben als auch finanziell. Zwei Jahre nach dem Friedensvertrag mit dem Iran kam die katastrophale Invasion Kuwaits. Die UNO-Sanktionen führten dazu, dass die Wirtschaft des Iraks ernsthaft in Schwierigkeiten geriet. Überall schossen Auktionshäuser aus dem Boden. Am Tigris liegt eines neben dem anderen. In den letzten paar Monaten sind aus Bagdads sechs großen Verkaufshäusern sechzig an der Zahl geworden. Vielen gelingt es nicht, mit ihren Rationen zu überleben, und sie verkaufen deswegen ihre Sachen. Aber der Markt ist schlecht.

»Alle warten, niemand kauft«, seufzt der Auktionator. »Ich biete dieselben alten Sachen Woche für Woche feil. Wenn sie fünf Wochen hier waren, müssen ihre Besitzer sie wieder abholen.«

Das Plüschsofa von Duraid und seiner Tochter wird aufgerufen. Totale Stille. Mehrere Male preist der Auktionator das bequeme Sofa an, aber niemand schlägt zu.

»Normalerweise wäre es im Handumdrehen weg gewesen«, meint Duraid, der in den letzten Jahren alles Mögliche verkauft hat. »Aber jetzt kaufen die Leute keine neuen Sachen. Sie behalten ihre Möbel, bis sie auseinanderfallen. Wer will schon etwas kaufen, was nächste Woche in Stücke gebombt werden kann?«

Die neunjährige Sera sitzt stumm neben ihrem Vater. Sie wendet sich ab, als ich sie anspreche.

»Sei höflich zu der Dame«, mahnt ihr Vater. Sera schüttelt den Kopf, verschränkt die Arme auf der Brust und sieht demonstrativ weg. Sie sagt ein paar wenige Worte mit dem Blick nach unten. Ihr Vater erklärt: »Sie hat Angst vor Ihnen. Sie glaubt, Sie sind Amerikanerin.«

Ich erkläre, dass ich das nicht sei, und versuche so nett wie möglich zu lächeln. Ich denke, dass Sera schon weich werden wird. Aber diese ist für Schmeichelei nicht zu haben. »Du siehst aus wie eine, du brauchst also nicht zu lügen«, sagt sie.

Ihr Vater streicht ihr über den Kopf und sagt, dass sie wahnsinnige Angst vor den Bomben und dem Krieg habe. Sera hört im Fernsehen und im Radio und von den Erwachsenen, dass bald Bomben und amerikanische Soldaten in ihre Häuser kämen. Sie weine oft und könne nachts nicht mehr schlafen. »Sie hat sich in letzter Zeit verändert«, meint ihr Vater. Plötzlich schaut mich Sera an und fragt: »Warum wollt ihr uns töten?«

»Das sind nicht alle in Amerika. Ein paar Politiker wollen den Krieg«, versuche ich zu antworten.

Sera sieht mich skeptisch an, sie vertraut nicht auf meine Worte. »Komm, Papa, wir gehen.«

Sera nimmt die Hand ihres Vaters ohne aufzuschauen. Sie stehen von dem grünen Plüschsofa auf und gehen. Vielleicht verkaufen sie es ja nächstes Wochenende, falls es dann noch Auktionen in Bagdad gibt.

Bewegungen, Vibrationen und Schwingungen

Gestern morgen, als die Iraker ihr Radio anmachten, hörten sie, dass George Bush dem irakischen Präsidenten eine 48-Stunden-Frist gesetzt hat, um das Land zu verlassen. In den darauf folgenden Stunden ging in Bagdad das Leben weiter wie bisher. Gelassen bereiteten sich die Iraker auf den Krieg vor, wie sie das in den letzten Jahren schon öfters getan hatten.

Umgeben von ihren Freundinnen kommt Marwa Nadja aus dem Schultor. Die sechs Unterrichtsstunden sind vorbei, und jetzt fährt sie mit dem Schulbus nach Hause. »Bis morgen«, rufen alle.

»Wir gehen in die Schule, egal ob Bomben fallen oder nicht«, sagt Marwa. »Wir haben schon früher Angriffe erlebt«, meint die 15-jährige. Ihre Antwort passt gut zur irakischen Propaganda. Dort heißt es, dass sich die Iraker wehren und den Feind schließlich besiegen.

Die Schulfreundinnen haben gelernt, wie sie sich bei einem Angriff zu verhalten haben: Bei einem Bomben- oder Raketenangriff sollen sie sich auf den Boden werfen.

»Aber erst muss man die Fenster öffnen«, mischt sich ein Mädchen ein, »sonst bersten sie unter der Druckwelle.«

»Bei einem chemischen Angriff muss man die Fenster allerdings schließen«, hält Marwa dem gelassen entgegen. Ihre Freundin Lina ergänzt: »Dann soll man ein Tuch nehmen, anfeuchten und mit Salz bestreuen, mit sehr viel Salz, und dann vor Nase und Mund halten.«

Die Freundinnen unterhalten sich eifrig darüber, was bei einem Angriff zu beachten ist und was sie gerade erst gelernt haben: Wie man Verletzungen reinigt, Brüche schient, Brände löscht und Fenster sichert. Ihre Begeisterung, ihr Wissen weiterzuvermitteln, ist jedoch von großem Ernst begleitet.

»Ich hoffe, dass die Stadt nicht zu sehr zerstört wird«, sagt Marwa seufzend, ehe sie in den Schulbus steigt. Aus dem Fenster des Busses sieht sie schwer beladene Autos, die die Stadt verlassen, geschlossene und leere Läden, Fenster, die mit kräftiger Plastikfolie abgedeckt sind und – nicht zuletzt – die Stellungen der Soldaten an den Straßenecken.

Marwa steigt im Stadtteil al-Dourrin aus. Hier sind die Gassen so eng, dass man mit dem Auto nicht durchkommt. Die Straßen sind nicht asphaltiert und im Rinnstein rennen die Kinder barfuß herum. Die Frauen tragen Schleier. Marwa lädt uns in ein typisches Bagdader Haus ein, mit einem überdachten Hof in der Mitte, von dem die einzelnen Zimmer abgehen. Die wenigen Fenster des Hauses sind mit Plastikfolie abgedeckt. Auf dem Speicher liegen riesige Säcke mit Reis, Mehl und Bohnen. Alle Iraker haben für zwei Monate Rationen im Voraus bekommen, damit sie etwas zu essen haben, falls der Krieg andauern sollte.

Hier wohnt Marwa mit ihrer Mutter, ihrem Vater, vier Geschwistern, einem Onkel, einer Tante und drei Cousinen und Cousins. Ihre Mutter hat gerade eine weitere kleine Tochter bekommen, und die Tante ist im siebten Monat schwanger. Im Haus herrscht eine resignierte Stimmung, als die älteste Tochter aus der Schule nach Hause kommt.

Der Vater, Najih Gabor, lässt erst die obligatorische Solidaritätserklärung an Saddam Hussein vom Stapel, bevor er seine Sorgen und Fragen formuliert. »Warum sind jetzt auch die Spanier gegen uns?«, will er wissen, als hätte ich eine Antwort darauf. »Ich frage mich, was wir denen getan haben? Wir haben doch immer ein gutes Verhältnis zu Spanien gehabt«, meint er. »Aber jetzt hilft nichts mehr, Bush hat sich entschieden. Ob es jetzt in 48 oder in 24 Stunden anfängt, spielt keine Rolle. Jetzt gilt es, so gut es geht auszuhalten.«

Vielleicht werden der Familie die neuesten Schulweisheiten von Marwa ja nützlich sein, aber ihre Mutter Rasja kennt außerdem noch einige Tricks, die sie schon bei früheren Bombenangriffen verwendet hat. »Watte in die Ohren der Kinder«, sagt sie. »Wenn die Bomben fallen, gibt es Explosionen und einen Heidenlärm. Man kann davon verrückt werden. Ich werde den Kindern die Ohren mit Watte verstopfen, damit sie nicht so eine Angst bekommen. Außerdem habe ich Schlaftabletten und Beruhigungsmittel für sie gekauft, damit sie sich von den fürchterlichen Dingen, die geschehen werden, davonträumen können«, erzählt Rasja, während sie ihr Neugeborenes füttert.

»Wir werden zu Hause bleiben und uns gegenseitig im Arm halten. Wir haben nicht vor, zu fliehen. Bei all unseren Verwandten außerhalb von Bagdad sind die Häuser bereits überfüllt. Wir können sie nicht auch noch belästigen. Und wohin sollten wir sonst fliehen? In ein Flüchtlingslager in der Wüste?«, fragt Najih niedergeschlagen. »Keiner von uns hat Waffen zur Verteidigung, keiner kann kämpfen, es bleibt uns also nichts anderes übrig, als hier zu bleiben und den Krieg über uns ergehen zu lassen«. Er besitzt einen kleinen Kleiderladen. In der letzten Zeit läuft das Geschäft sehr schlecht. »Die Leute kaufen keine neuen Kleider. Es ist, als würden sie keine mehr brauchen«, meint er. »Aber ich verstehe sie. Vielleicht brauchen sie ihr Geld ja für Essen, Wasser und Brennstoff. Wer denkt jetzt schon noch daran, sich fein zu machen?«, will er wissen.

Marwa hört ihrem Vater schweigend zu. Mit einem schwarzweiß gemusterten Tuch um den Kopf sitzt sie auf dem Fußboden und starrt vor sich hin. Ihre Schultasche liegt noch neben ihr. Als wir gehen, fängt sie mit den Hausaufgaben für den nächsten Tag an: Physik. In der Aufgabe geht es um Bewegungen, Vibrationen und Schwingungen. Vielleicht sind das für eine ganze Weile ihre letzten Hausaufgaben. Bewegungen, Vibrationen und Schwingungen werden sie in Bagdad jedoch in nächster Zeit genug bekommen.

Niemand besiegt den Wind

Rania hat gelernt, sowohl mit einer Pistole als auch mit einer Kalaschnikow umzugehen. Wie die meisten Staatsangestellten ist die junge Krankenschwester in einem einmonatigen Kurs – dem so genannten *Tadreeb Askavi* – gedrillt worden, und weiß jetzt, wie sie ihre Stadt verteidigen soll. Andere bauen lieber Luftschutzkeller.

»Wir sind auf einem Platz herumgesprungen, dann sind wir marschiert und schließlich auf der Erde herumgerobbt«, erzählt Rania. »Außerdem hatten wir Übungen mit Waffen. Jetzt kann ich mit vielen verschiedenen Waffen schießen. Wenn der Krieg anfängt, teilen sie Gewehre an uns aus, damit wir uns dem Feind im Nahkampf stellen können«, erzählt die 26-jährige. Nach dem Kurs hat sie den Beinamen *Fedain* erhalten – eine, die bereit ist, sich selbst zu opfern.

»Aber ich will niemanden erschießen, nicht einmal den Feind. Ich kann nicht das Leben eines anderen auslöschen, damit würde ich nie fertig werden«, sagt sie. Ihre Uniform liegt frisch gebügelt zu Hause im Schrank: grünes Hemd und grüne Hose und schwarzes Kopftuch. »Wenn der Krieg ausbricht, habe ich vermutlich am meisten Verwendung für die Erste Hilfe, die ich gelernt habe«, sagt sie leise. »Alles andere bestimmt Allah.«

Die meisten Iraker machen einen Kurs in Selbstverteidigung oder im Gebrauch von Waffen auf Geheiß ihres Arbeitgebers, der Gewerkschaften oder des Distrikts, in dem sie wohnen. Den Mitgliedern der Baath-Partei, der Partei Saddam

Husseins, sind im Kriegsfall genaue Aufgaben zugeteilt worden. Sie sollen Straßen, Bauwerke und Plätze bewachen, angeblich sind bereits Waffen an sie ausgeteilt worden, die sie zu Hause aufbewahren.

Auf einer der Brücken in der Stadt waren gestern eine ganze Reihe Busse geparkt, die – so hieß es – jetzt in den Semesterferien alle Studenten in Trainingslager bringen sollten. Vor den Moscheen und den örtlichen Baath-Büros werden Brunnen gegraben. »Leider haben wir hier keine Wasserader gefunden«, seufzt Scheich Abdul al-Gailani vor einer der Moscheen Bagdads.

Saddam Hussein bereitet die Einwohner von Bagdad sowohl auf Bomben als auch auf Straßenkämpfe vor. 200 000 amerikanische Soldaten warten am Golf in Stellung. In Bagdad fürchtet man, dass sie die Hauptstadt einnehmen werden. Aber der Präsident hat Widerstand geschworen: Wenn die Amerikaner Bagdad einnehmen, werden sie an den Stadttoren Selbstmord begehen müssen, sagte er unlängst in einer Rede.

Es ist unsicher, wie hart die Menschen für das Regime kämpfen werden. Besonders die Loyalität der Schiiten wird in Zweifel gezogen, und es kursieren Gerüchte, dass schon Schützengräben um einige der Wohnviertel ausgehoben werden.

Aber falls Saddam Hussein nicht in der Anfangsphase eines eventuellen Krieges aufgeben wird, wird dieser auf den Straßen Bagdads beendet werden. Es könnte sehr viele Opfer geben, sowohl unter der Zivilbevölkerung als auch unter den Soldaten, wenn die amerikanischen Truppen sich dafür entscheiden, die irakische Hauptstadt einzunehmen, in der große Teile der Fünfmillionenbevölkerung inzwischen bewaffnet sind. Ein Mann mit einer Kalaschnikow, der die Hinterhöfe und Gassen kennt, hat große Chancen gegen einen amerikanischen Soldaten, auch wenn dieser bis an die Zähne bewaffnet ist. Der urbane Dschungel könnte den technischen Vorsprung der Amerikaner neutralisieren. Auf reibungslose Verständigung untereinander ist in bebauten Gegenden nicht unbedingt Verlass, und die Laser, die die Ziele ausmachen sollen, könnten zerstört werden. Jagdhubschrauber lassen sich abschießen, während Bombenabwürfe aus großer Höhe viele Menschenleben kosten könnten.

Bei der Familie Dhafer sind die Vorbereitungen bereits beendet. Vor dem Haus liegen Bretter bereit. »Wir nageln sie vor die Fenster, wenn der Krieg ausbricht«, erklärt Ahmad, der älteste Sohn, der an der Universität Bagdad studiert. »Es kommt natürlich darauf an, wie die Bomben fallen, aber so gehen die Fensterscheiben wenigstens nicht kaputt«, sagt er. Das Zuhause von Ahmad und seinen kleinen Brüdern Ali und Amar, die 18 und elf Jahre alt sind, lässt überall erkennen, dass sich hier eine Familie auf den Krieg vorbereitet.

»Den Luftschutzraum haben wir bereits während des Kriegs gegen den Iran gebaut«, erzählt Ahmad. »Hier haben wir 1991, 1993 und 1998 gesessen, als Bagdad erneut bombardiert wurde.«

Ahmad und seine Brüder gehen hinter das Haus, durch den Küchengarten und an den festgebundenen Schafen und dem Brunnen vorbei zu einer steilen Treppe. Sie führt hinab zu einem kleinen, stinkenden Raum. Wasserflaschen, Decken und Matratzen liegen hier gestapelt. »Hier sind wir sicher, hier treffen uns keine Bomben«, versichert er und meint dann, dass die Amerikaner gegen jedes internationale Recht verstößen, wenn sie einen Krieg begönnen. »Wir sind ein friedliebendes Volk«, versichert er.

»Vermutlich gibt es Krieg«, sagt Ali resigniert. Er hat in der Schule gelernt, wie er sich schützen soll. »Wenn es eine Explosion gibt, soll man sich auf die Erde werfen. Falls es sich dabei um chemische Waffen handelt, soll man sich Nase und Mund zuhalten.«

»Und dann muss man gegen den Wind gehen«, ergänzt sein kleiner Bruder Amar, »nicht mit dem Wind, sondern gegen den Wind. Oder war es mit dem Wind?«, fragt er unsicher. Er denkt nach. »Mit oder gegen?«

»Das kommt darauf an, wo die chemische Explosion stattgefunden hat«, belehrt ihn sein großer Bruder.

»Ja, und aus welcher Richtung der Wind weht«, entgegnet Amar.

»Niemand kann den Wind besiegen«, sagt Ali kryptisch.

»Das ist ein irakisches Sprichwort, denk daran«, erklärt Ahmad und verlässt den übel riechenden Luftschutzraum.

Impressionen von der Tankstelle

In der irakischen Hauptstadt schließen die Geschäfte. Wer die Möglichkeit hat, flieht. Aber die meisten in der Fünfmillionenstadt warten nur, sie warten darauf, dass der Krieg kommt, und wieder ein Ende nimmt.

In einem Stau einige Stunden nördlich von Bagdad sitzen fünf Personen dicht gedrängt mit Reisetaschen, übervollen Papiertüten und Kartons im Auto. An einem Seitenfenster hängt ein Kleid, unter der Rückbank liegt eine Tüte Zitronen verstaut. »Es war höchste Zeit zum Abreisen«, sagt Jasir, das Familienoberhaupt, der am Lenkrad sitzt.

»Wir sind auf dem Weg nach Syrien. Dort können wir bei Verwandten wohnen bis diese Sache ausgestanden ist. Meine Frau bekommt bald ein Kind, im Irak zu bleiben ist also nichts für uns«, erklärt er.

Im Auto sitzen seine Frau, seine Schwiegermutter und die beiden kleinen Kinder der Familie.

Die Schwiegermutter, eine ältere Frau, raucht. Sie inhaliert tief und fingert gleichzeitig an der Zigarettenschachtel.

»Allah bestimmt unseren Weg, aber manchmal müssen wir das unsere dazu tun«, sagt sie über die Flucht, die sie gerade angetreten haben. »Aber schließlich kehren wir zurück, wenn all das vorüber ist.«

In den letzten Tagen sind die Preise in Bagdad fast alle kräftig gestiegen. Das Benzin kostet zwar noch immer nur etwa zehn Cent pro Liter, aber der Kampf um den begehrten Treibstoff ist härter geworden.

»Ich habe 400 Liter bei mir auf dem Hof«, sagt Mohammed, ein anderer Fahrer. Er fährt jeden Tag von Bagdad nach Amman, der Hauptstadt Jordaniens. »Mehr wage ich nicht zu hamstern. Wenn das explodiert!« Mohammed erzählt, dass er als Fahrer gut verdient. Heute kostet es 700 US-Dollar, um von Bagdad nach Amman zu kommen. Der Preis hat sich in wenigen Tagen verzehnfacht. »Morgen ist es vermutlich noch teurer«, stellt Mohammed fest.

Die Stimmung bei den Irakern ist in diesen Tagen gedrückt und irgendwie merkwürdig. Viele geben sich dem Galgenhumor hin oder lassen den drohenden Krieg gar nicht an sich herankommen. Wenige wagen es, offen zuzugeben, dass sie Angst haben.

Obwohl es sich die meisten leisten könnten, das Land im eigenen Wagen zu verlassen, sind die Grenzen für den größten Teil der Iraker geschlossen. Nur die, die eine Aufenthaltsgenehmigung für eines der Nachbarländer vorweisen können, dürfen die Grenzkontrolle passieren.

Die meisten fliehen daher nach Syrien, das einzige Nachbarland, das keinen Visumzwang für irakische Bürger hat. Die Grenzen nach Saudi-Arabien, Kuwait und in den Iran sind in der Regel für Iraker geschlossen. Entlang der Grenze zu Jordanien laufen Vorbereitungen für ein Flüchtlingslager. Die Arbeiten sind aber noch nicht sehr weit fortgeschritten. Es gibt bisher weder Zelte noch Wassertanks.

»Die meisten fliehen einfach, ohne sich groß um etwas zu kümmern. Wenn die Bomben erst einmal fallen, könnte es zu spät sein«, sagt eine irakische Frau auf dem Weg nach Syrien.

»Gestern abend habe ich mich von meinen Verwandten verabschiedet. Wir saßen einfach da und haben geweint. Der Druck auf uns normale Leute ist in diesen Tagen wahnsinnig groß. Wir wissen nicht, was aus uns werden soll oder was passieren wird. Auf dem Weg von Bagdad habe ich Autos gesehen, die in der Schlange aufeinander gefahren waren. Als könnten sich die Fahrer nicht einmal mehr darauf konzentrieren, ihre Fahrzeuge zu lenken.«

Nackte Schaufensterpuppen

Bagdad lebt auf Sparflamme. Viele Geschäfte schließen, Lager werden geräumt. Viele geben ihrer Wut und ihrer Resignation über einen Krieg Ausdruck, von dem sie wissen, dass er kommen wird. Nur vor den Moscheen wimmelt es vor Menschen – weitaus mehr als sonst nehmen am Nachmittagsgebet teil.

Auf dem Boden liegt ein verrenkter Frauenkörper. Zwei Arme liegen daneben. Ein Torso steht wackelnd auf einem Stativ. Die nackten Schaufensterpuppen werden gerade auseinander geschraubt, um verstaut zu werden. Um sie herum liegen große Stapel *Abayas*, die schwarzen, langen Mäntel, die viele Frauen in Bagdad tragen.

»Ich überlege schon seit mehreren Tagen, ob ich schließen muss, aber erst heute habe ich keinen anderen Ausweg mehr gesehen. In zehn Stunden läuft das Ultimatum von Bush ab. Ich will mein Warenlager nicht gefährden, deswegen verpacke ich alles und nehme es mit nach Hause.«

Karim Ghani ist Schneider in Khademiya, einem Stadtteil von Bagdad. Er hat sich auf das Nähen von *Abayas* spezialisiert. Für einen Außenstehenden sehen alle gleich aus, aber für die Frauen, die sie kaufen, ist die Vielfalt von Spitzen, Borten und Rüschen wichtig. Außerdem hat Karim als Schneider einen guten Ruf. Khademiya ist ein armes Viertel, und die Straße vor seinem kleinen Verschlag besteht aus getrocknetem Lehm. Überall liegen Müll- und Essensreste herum. Hier haben *Abayas* sonst immer reißenden Absatz, denn hier wohnen überwiegend Schiiten, von denen sie traditionell getragen werden.

»Aber heute hat kaum jemand etwas gekauft. Die Leute haben anderes im Kopf«, meint Karim. »Das bedeutet, dass ich durch diesen Krieg sehr viel Geld verlieren werde. Wovon soll meine Familie leben, wenn er länger andauert? Ich bin wütend auf diesen Bush. Das ist ein Krimineller. Er hat kein Recht, gegen uns Krieg zu führen. Er sollte das lassen, auch wegen der Kinder«, sagt der Schneider und deutet auf seinen Sohn, den Drittklässler Abdul, der an diesem Nachmittag vom letzten Schultag nach Hause gekommen ist. »Wir behalten ihn ab jetzt zu Hause. Der Angriff kann jederzeit beginnen«, berichtet sein Vater, während er die ausgestellten *Abayas* zusammenfaltet und in große schwarze Säcke legt.

Ein Freund betritt den Laden. Naji Musad kommt geradewegs vom Nachmittagsgebet aus der Moschee. »Es war gerappelt voll. Jetzt liegt unser Schicksal in Gottes Händen«, sagt er.

Naji hat den ganzen Tag auf seine Weise versucht, den Krieg zu vermeiden, indem er Gottes Gebote befolgt hat. »Ich habe gefastet, Almosen gegeben und die Gebetszeiten eingehalten«, erzählt er. »Und falls jemand kommen würde, der mir Geld schuldet, dann würde ich ihm alle Schulden erlassen. Ich will rein in diesen Krieg gehen. Wenn man dem Tod ins Auge sieht, dann ist es wichtig, dass es keine offenen Rechnungen gibt«, erklärt er.

Sowohl Karim als auch Naji sind fest entschlossen zu kämpfen, falls es Allah nicht gelingen sollte, diesen Krieg aufzuhalten. Karim ist Mitglied von Saddam Husseins Baath-Partei und hat eine Waffe erhalten. Er gehört einer Einheit von Freiwilligen in seiner Nachbarschaft an, und man hat ihm gesagt, welche Rolle er einzunehmen hat, wenn der Krieg beginnt. Naji hat ebenfalls ein Gewehr zu Hause und gelobt, jeden Amerikaner zu erschießen, der ihm über den Weg läuft. »Ich werde ein Märtyrer, ein Selbstmordattentäter«, versichert er.

Man hat den Eindruck, als habe die Wut über den Krieg in den letzten Tage zugenommen. Während die Iraker lange die Drohungen eines Krieges mit Resignation hingenommen haben, legen viele jetzt eine größere Frustration an den Tag, die sich in Wut verwandelt hat.

»Ich hoffe, Bush kommt hierher, dann schmeiße ich ihm diesen Schuh hier an den Kopf«, ruft eine Frau vor dem Schneiderladen. Sie zieht einen Schuh aus und droht damit, während ihr die Tränen die Wangen herunterlaufen. »Bush hat kein Gewissen, er ist ein Tyrann! Wegen der Amerikaner habe ich meinen Sohn verloren. Er war Elektriker und sollte eines der Kraftwerke wieder aufbauen, das während der letzten Bombenangriffe im Golfkrieg zerstört worden war. Jemand verursachte einen Kurzschluss, und er wurde getötet. Die Schuld an seinem Tod haben die, die das Kraftwerk zerstört haben. Bush und die Amerikaner tragen die Schuld.« Sie ist verzweifelt.

»Jetzt bin ich für seine beiden kleinen Kinder verantwortlich«, erzählt sie auf dem Weg in den Nachbarladen. »Deswegen bin ich heute Nachmittag auch hier. Ich will eine große Tüte Schokolade kaufen, damit sie zumindest heute Abend vor dem Schlafengehen eine Freude haben. Dann werden wir sehen, was die Nacht bringt«, meint sie seufzend.

Es dämmert, und der kleine Laden des Schneiders ist bald geleert. Übrig sind nur noch die großen Wandspiegel. »Die nehme ich nicht mit. Die gehen so oder so kaputt, hier oder dort«, sagt Karim resigniert.

Um ihn herum eilen die Leute mit großen Tüten voll von Lebensmitteln, Kerzen und Decken nach Hause. Das könnte für lange Zeit ihr letzter Einkauf gewesen sein. Karim schaut ein letztes Mal auf die zwei Spiegel, die einsam in dem leeren Raum funkeln, und schließt den Laden ab.

»Wenn Gott will, hängen sie immer noch da, wenn ich wieder öffne, nachdem alles vorüber ist«, sagte der Schneider. »*Inschallah*.«

DONNERSTAG, 20. MÄRZ 2003

Präludium des Kriegs

Gestern Morgen wurden die Bewohner Bagdads gegen halb sechs Uhr von kräftigen Explosionen, dem Lärm von Flugzeugen und intensivem Feuer der irakischen Luftabwehrraketen geweckt. Der Angriff dauert gut und gerne eine Stunde, dann gaben die Sirenen Entwarnung. Trotzdem verließen die meisten für den Rest des Tages nicht das Haus.

»Stell dir vor, dass die Amerikaner den Angriff genau zur Gebetszeit begonnen haben«, ruft Mona aufgebracht. Sie war gerade aufgestanden, als die ersten Explosionen in Bagdad zu hören waren und man das Blinken der Luftabwehrraketen am Himmel sehen konnte. Sie legte ihren Gebetsteppich zusammen und ging in den Keller. Ihr Haus, das in einem der dicht bevölkertsten Viertel Bagdads liegt, war übervoll. Verwandte, die in größerer Nähe von typischen Zielen für Bombenangriffe – wie Ministerien, militärischen Anlagen oder Telefonvermittlungen – wohnen, sind bei Monas Familie eingezogen.

»Wir glauben nicht, dass sie dort, wo viele Menschen wohnen, Bombenangriffe fliegen. Jetzt wohnen wir also auf Decken und Matratzen auf dem gesamten Fußboden. Außerdem sind wir bei jeder Bedrohung zusammen. Dann müssen wir wenigstens keine Angst haben, dass jemandem, der uns nahe steht, etwas passiert ist«, erzählt Mona. Die Literaturstudentin versucht, sich selbst Mut zu machen. Sie hofft, dass bei den amerikanischen Bombenangriffen keine Zivilisten getötet werden. Gestern meldeten die irakischen Behörden einen Toten und etwa zehn Verletzte durch den Angriff.

»Wir gut diese Bomben auch sein mögen, sie können doch immer daneben gehen. Wir sitzen einfach hier rum und warten ab. Als würden wir uns abwechselnd mit dem Tod und mit dem Leben anfreunden«, meint Mona philosophisch. Der Angriff, von dem sie wusste, dass er kommen würde, hat sie nicht in Panik versetzt.

»Ich bin dann doch wieder eingeschlafen«, erzählt sie mir am Telefon. »Das hier war nichts, aber wir fürchten, dass es heute Nacht schwerere Angriffe gibt. Die Explosionen waren nie so stark, dass sie die Hunde aus der Nachbarschaft übertönt hätten, die wie verrückt den Himmel anbellten«, sagt sie und lacht sogar ein wenig.

Nachdem in Bagdad die Sirenen Entwarnung gegeben hatten, dauerte es eine Weile, bis sich überhaupt wieder etwas auf den menschenleeren Straßen bewegte. Das eine oder andere Auto fuhr sowie vereinzelt ein Krankenwagen. In der ersten Stunde nach dem Angriff bekamen die Einwohner Bagdads keinerlei Information darüber, was geschehen war. Das irakische Fernsehen und Radio spielten Soldatenmärsche und Huldigungslieder auf Saddam Hussein. Danach war der Präsident selbst im Fernsehen zu sehen. Er las eine Rede ab. Er war genauso verärgert wie Mona: Darüber, dass die Amerikaner den Angriff zur Gebetsstunde begonnen hatten. Außerdem forderte er dazu auf, gegen den Angriff des »Kleinen Bush« zu kämpfen, wie er George W. Bush jr. mit Vorliebe nennt. Saddam setzte die Rede damit fort, dass er klassische arabische Poesie rezitierte. Es ging um Krieger zu Pferde mit dem Schwert in der Hand.

»Gegen wen sollen wir kämpfen, etwa gegen die Bomben?«, fragt Mona leicht zynisch und fügt hinzu: »Ich habe nicht vor den Bomben die meiste Angst, sondern vor dem, was danach kommt, dem Bürgerkrieg. Wenn hier das Chaos ausbricht und es ein Machtvakuum gibt, dann könnten viele die Gelegenheit nutzen, sich an den Anhängern des Regimes zu rächen. Schiiten werden Sunniten angreifen, und die Banditen werden einfach machen, was sie wollen.«

Mona hat in diesen Morgenstunden noch nicht entschieden, ob sie es wagt, an diesem Tag auszugehen, obwohl vom Innenminister die ausdrückliche Aufforderung ergangen ist, dass alle ihre Läden öffnen sollen. »Das zeigt, dass wir nicht zu schlagen sind, dass wir selbst extremen Situationen widerstehen können«, meinte der Minister. Trotzdem blieben neun von zehn Geschäften gestern geschlossen. Nur einige Lebensmittelläden waren geöffnet.

»Es herrscht keine Ausgangssperre, aber das heißt schließlich auch nicht, dass wir ausgehen müssen«, meint sie nachdenklich. »Ich habe jedenfalls nicht vor, heute die Universität zu besuchen. Ich setze mich lieber zu Hause über meine Bücher. Falls es mir überhaupt gelingt, mich zu konzentrieren. Das ist das Schwierige an einem Krieg: An etwas anderes als die Angst hier und jetzt zu denken.«

An einem Baum in einem Beet im Mittelstreifen in einer von Bagdads Hauptstraßen steht der Finne Teijo Virolainen. Zusammen mit zwei anderen hat er sich symbolisch an dem Baum festgekettet. »Nein zum Krieg«, steht auf dem Plakat, das er in den Händen hält.

Teijo, der an der Technischen Hochschule in Espoo im Süden von Finnland studiert, verbringt die Nächte in einem Kraftwerk im Süden Bagdads zusammen mit etwa zehn anderen menschlichen Schutzschilden. »Wir versuchen, der Welt bewusst zu machen, dass der Krieg nicht nötig ist und dass er aufhören *muss*«, sagt der 22-jährige. Er erzählt, dass er in den Morgenstunden von den Bomben geweckt worden sei und davon, dass jemand gerufen habe: »Der Krieg hat angefangen!«

»Die meisten sind runter in den Luftschutzraum des Kraftwerks, aber ich bin zum Fluss gegangen, um besser sehen zu können. Ich wollte die Bomben fallen *sehen*«, erzählt Teijo, der gestehen muss, dass es ihm ab und zu bei dem Gedanken etwas mulmig wurde, dass diese genauso gut sein Kraftwerk treffen könnten. Das Kraftwerk Bagdad-Süd ist ein so genanntes legitimes Angriffsziel, da es direkt neben einer militärischen Einrichtung und einer wichtigen Brücke über den Tigris, der Brücke nach Basra, liegt.

»Ich war wahnsinnig niedergeschlagen und enttäuscht, als die Bombardierung begann. Das bedeutet, dass unser Protest wirkungslos war. Trotzdem bin ich moralisch dazu verpflichtet, zu bleiben. Natürlich hoffe ich, dass ich das überlebe. Wenn ich das nicht tue, so ist das von meinem Schicksal so vorherbestimmt.«

»Was sagen deine Eltern dazu, dass du dich an ein Kraftwerk festkettest?«

»Sie haben mich gebeten, nach Hause zu kommen. Aber als ich ihnen sagte, wie wichtig das für mich sei, und dass ich das wirklich tun will, haben sie Verständnis gezeigt. Aber ich weiß, dass ich kein Feigling wäre, selbst, wenn ich nach Hause fahren sollte. Ich will trotzdem auf meine Art versuchen, diesen Krieg zu beenden«, meint Teijo abschließend, ehe er in der Abenddämmerung wieder zum Kraftwerk Bagdad-Süd fährt – zu einer weiteren Nacht auf einem Feldbett, in Erwartung weiterer Bomben.

»Das war erst das Präludium des Kriegs«, sagt Mona. »Die wirkliche Hölle hat noch gar nicht begonnen.«

FREITAG, 21. MÄRZ 2003

Die Ruhe vor dem Sturm

Es hatte den Anschein, Bagdad erwache wieder zum Leben, nachdem fast alle einen Tag lang untergetaucht waren. Der Tag beginnt damit, dass die Mullahs zum Freitagsgebet rufen, und nicht damit, dass Bomben fallen, wie am Morgen zuvor.

Nachdem die Sonne aufgegangen ist, kann man Bagdads normale Morgensinfonie hören – Lastwagenfahrer, die exzessiv von der Hupe Gebrauch machten, Busse, die lärmend vorwärtskriechen, und Leute auf quietschenden Fahrrädern, mit klappernden Absätzen auf dem Weg zu ihren täglichen Verrichtungen. Auch wenn die Staus nicht so schlimm sind wie sonst, ist es ein ganz gewöhnlicher Wochentag in Bagdad – voller Sonne und voller Leben. Als ob die Leute vergessen wollen, was kommen wird: Der Großangriff der Amerikaner. Auf den Märkten herrscht ein wahres Menschengewimmel, aber eines deutet trotzdem auf weitere Bomben hin – das Warenangebot.

Während die meisten Geschäfte geschlossen sind, stehen unzählige Händler hinter kleinen Tischen, neben ihren Autos oder auf einem Hocker. Ein Mann bietet drei Artikel feil: Batterien, Taschenlampen und Kerzen. Ein anderer hat drei weitere im Angebot: Kerosinlampen, elektrisch aufladbare Lampen und Propangaskocher. Ein dritter verkauft nur eins: Breites, braunes Klebeband, um Fensterscheiben zu sichern.

Die Männer an der Straße machen gute Geschäfte. Der Preis für Batterien hat sich in den letzten Tagen verdreifacht.

Der für Lampen und Laternen ebenfalls. »Die will ich in Babylon verkaufen. Dort ist der Preis zweimal so hoch wie in Bagdad. Die Leute haben Angst, dass ihnen die Batterien ausgehen könnten«, sagt ein Mann, der fünf große Pakete mit Batterien gekauft hat.

Straßenverkäufer haben den größten Teil des Handels in Bagdad übernommen. Einer von ihnen verkauft aufladbare Lampen der Marke »Bazooka«. »Deine Waffe gegen die Dunkelheit« heißt es auf der Verpackung des chinesischen Produkts. »Normalerweise verkaufe ich davon nur zwei im Monat, jetzt bin ich 120 Stück in nur drei Tagen losgeworden«, sagt Sami, dem das geschlossene Geschäft für Elektroartikel gehört, vor dem er seinen Stand hat. Er hat Vorkehrungen getroffen. »Die meisten Waren habe ich aus dem Geschäft fortbringen lassen. Einmal, damit sie bei einem Bombenangriff nicht zerstört werden können, aber auch, damit eventuellen Plünderern nichts in die Hände fällt«, erklärt er. Der Grund für den zunehmenden Absatz von Taschenlampen und Batterien ist die Angst der Bewohner Bagdads, dass die Versorgungseinrichtungen des Landes bombardiert werden, unter anderem die Elektrizitätswerke. »Ich freue mich natürlich, dass ich jetzt so gut verdiene, aber ich freue mich nicht über die Bomben«, versichert der Händler und führt die in China hergestellte Lampe einem Kunden vor.

»Bush sagt, dass er uns befreien will«, sagt ein Mann entrüstet. »Er sagt, dass er das Land aus humanitären Gründen besetzen will. Wieso bedroht er uns dann mit Bomben, die töten und verstümmeln, und damit, dass wir die Tage bald kaum noch überstehen: Ohne Strom und ohne Wasser«, sagt einer der Kunden am Tisch mit den Batterien.

Viele wollen an diesem Freitag, an dem sich viele Einwohner Bagdads wieder auf die Straße wagen, etwas über Bush und die Bomben sagen. »Er lässt vermutlich heute keine Bomben abwerfen«, versichert ein Mann. »Es ist unmöglich, an einem Freitag Bomben abzuwerfen. Dadurch würde Bush zeigen, dass er die Moslems nicht respektiert, und das würde bedeuten, dass er die Christen ebenfalls nicht respektiert. Schließlich haben wir denselben Gott, und der hat uns aufgefordert, den Ruhetag zu heiligen. Freitags und sonntags fallen also keine Bomben.« Er ist sich seiner Sache vollkommen sicher.

»Bush ist das vollkommen gleichgültig«, meinte ein anderer. »Er ist Atheist. Sonst würde er nie so etwas Fürchterliches tun wie das, was er gegen uns plant.«

Auf dem Vogelmarkt auf der anderen Straßenseite ist ebenfalls sehr viel los. Tauben, Falken, Papageien und seltene irakische Vögel singen und zwitschern in der Sonne. Ein Händler betrauert zwei tote Vögel. »Sie wurden totgehackt. Weil ich meinen Laden schließen musste, musste ich mehrere Vögel in denselben Käfig sperren. Der Stärkste hat gesiegt«, sagt er und hält mir die toten Vögel unter die Nase, als wolle er damit die Grausamkeit des Krieges unterstreichen. »Die kosten hundert US-Dollar pro Stück«, erzählt er, »lebend. Jetzt sind sie nichts mehr wert.«

»Meine Tauben wurden gestern während des Bombardements nervös«, erzählte der Vogelhändler Kadim. »Aber dann gab ich ihnen einfach noch mal zu essen, und sie beruhigten sich wieder.«

Gestern lief das Geschäft besonders gut. »Die Leute haben nichts anderes zu tun, als zu warten. Also amüsieren sie sich damit, Tauben und Papageien zu kaufen. Es sind so viele Leute hier wie sonst auch, aber sie kaufen mehr als gewöhnlich.« Kadim ist freiwilliger Infanterist bei der Baath-Partei. Tagsüber verkauft er Vögel, nachts bewacht er die Straßen. »Dann ziehe ich die Uniform an, hole mein Gewehr und folge meinem Stellungsbefehl. Heute Nacht ziehe ich wieder los.«

Am Ende des Vogelmarkts beginnt der Fischmarkt. Die Aquarien sind mit breitem Klebeband gesichert. Genauso wie die Fenster der Leute. »Das ist wirklich riskant«, meint

Haidar, ein Fischhändler, besorgt. »Falls es einen großen Angriff gibt, bersten die Aquarien, und dann sterben alle meine Fische.«

Direkt am Markt liegt auch die Feuerwache des Viertels. »Wir haben gestern den Brand im Planungsministerium gelöscht. So große Flammen hatte ich noch nie gesehen«, sagt ein Feuerwehrmann. Mehr kann er nicht sagen, bevor ich weggescheucht werde. Der Chef der Feuerwehr gibt mir ein Zeichen, dass ich gehen soll, und ich entferne mich. An diesem Tag hat es keinen Sinn, sich über irakische Behörden aufzuregen.

Neben der Feuerwache liegt eine der Hauptniederlassungen von einem der Elektrizitätswerke Bagdads. Vor dem Haus mit seinen hohen Glastüren liegen hohe Sandhaufen. Zwei Männer schaufeln den Sand in große Säcke, die sie vor die Türen legen. Die letzten Vorbereitungen für den nächsten Angriff laufen.

An einer Straßenecke in der Nähe liegt das Restaurant »El Meida«. Hier wird gegrilltes Huhn und Kebab an weißen Plastiktischen serviert. Am Grill steht eine lange Schlange.

»Ich habe mehrere 100 Kilo Huhn eingekauft«, sagt der Inhaber Isam. »Ich werde geöffnet haben, egal was passiert. Gestern hatte ich bis Mitternacht geöffnet. Ich stand vor dem Restaurant und sah, wie woanders die Bomben einschlugen. Ich weigere mich einfach, aufzugeben«, sagt der Eigentümer, der zugibt, dass er im Augenblick sehr gut verdient. Die meisten Lokale in der Nachbarschaft sind nämlich geschlossen.

»Leider bin ich zu alt, um in den Krieg zu ziehen«, sagt Isam. »Ich fordere die Amerikaner eben dadurch heraus, dass ich das Lokal geöffnet halte. Ich verachte die Amerikaner. Sie sind genauso blöd wie ihre Filme. Bei denen ist nichts echt, alles ist gelogen.«

»Ich glaube, der große Angriff kommt heute Nacht«, sagt Isam. »Das habe ich im Gefühl, aber wir werden damit fertig werden. Wenn es dunkel wird, kommen die nächsten Bomben. Dann stehe ich hier und grille meine Hühner.«

SONNTAG, 23. MÄRZ 2003

Die ersten Opfer des Krieges

Bagdad wurde gestern wieder angegriffen. Die meisten suchten in ihren Häusern Zuflucht, andere standen auf den Dächern, um besser sehen zu können. Aber einige konnten es sich nicht aussuchen. Sie lagen da und wanden sich vor Schmerzen. Das waren die Opfer des Bombenangriffs der Nacht zuvor.

»Das ist meine Mutter, das ist mein Vater«, flüstert eine Stimme. Auf einem blauen Laken unter einer Decke schimmern zwei große, braune Augen, eine kleine Nase und ein langer Zopf. Der Zopf ringelt sich auf dem Kissen und ist mit einem rosa Gummi zusammengebunden. Als die Stimme wieder zu hören ist, rutscht er Richtung Fußboden. Ein orangenes Handtuch stützt den Kopf.

»Ich heiße Rassul«, sagt das kleine Mädchen. Neben ihr steht eine Frau und weint. Das ist ihre Mutter. Ein Mann sieht die Mutter hilflos an. Das ist ihr Vater. Der Vater zieht die Decke beiseite. Rassuls einer Arm und ihre magere Brust sind dick bandagiert. An mehreren Stellen ist Blut durch den Verband gesickert.

»Wir waren bei ein paar Verwandten auf der Straßenseite gegenüber zu Besuch gewesen«, sagt der Vater. »Ich hatte eben zu Hause die Tür aufgeschlossen. Meine Frau und zwei meiner Kinder waren auf dem Weg nach drinnen. Rassul war ein Stück zurückgeblieben. Ich hielt ihr die Tür auf. Sie hatte gute Laune und machte ein paar Tanzschritte. Da knallte es«, erzählt er. Sein zwölfjähriger Sohn, Rassuls großer Bruder, fügt noch hinzu: »Als würde ein großer roter Ball durch die Luft sausen und zur Erde fallen. Dann kam die Explosion, und ich merkte, dass hinter mir etwas zu Boden fiel. Ich drehte mich um und sah, dass es Rassul war.«

Rassul kann sich, nachdem sie durch die Tür gekommen waren, an nichts mehr erinnern, dafür aber ihre Mutter: »Sie lag in einer Blutlache. Ich dachte, sie sei tot. Ich warf mich über sie und merkte, dass ihr Puls noch schlug. Wir versuchten, ein Auto aufzutreiben, aber das dauerte ewig. Niemand in unserer Straße besitzt ein Auto, und um diese Zeit war auch sonst niemand unterwegs. Alle fürchteten die Bomben. Wir hätten schließlich auch nicht draußen sein sollen, aber wir waren nur bei unseren Verwandten auf der anderen Straßenseite gewesen und hatten das für unbedenklich gehalten. Zum Schluss fanden wir ein Auto, das Rassul ins Krankenhaus mitnahm. Ich muss immerzu an die Blutspur denken, als sie zum Auto getragen wurde«, sagt die Mutter, die, seit die Tochter um neun Uhr am Vorabend verletzt worden war, nicht mehr zu Hause gewesen ist.

Rassul liegt da und hört zu. Jede Bewegung tut ihr weh. Die Splitter haben tiefe Wunden in ihrem Körper hinterlassen, aber sie befindet sich nicht mehr in Lebensgefahr. Manchmal stöhnt sie leise, aber als wir gehen, lächelt sie tapfer.

»Auf Wiedersehen, es war nett, Sie kennen zu lernen«, sagt die Fünftklässlerin.

In der Straße, in der Rassul und ihre Familie wohnen, ist ein großes Loch. Ein paar Jungen zeigen uns eifrig, wo die Rakete einschlug. Mehrere Haustüren an der Straße haben Löcher von den Splittern, aber nur Rassul wurde getroffen. Das große Loch in der Straße hat in der Mitte eine kleine runde Erhebung, was dafür spricht, dass hier eine irakische Luftabwehrrakete eingeschlagen ist und keine amerikanische Bombe.

Rassul ist eines von zweihundet Opfern nach nur zwei Tagen Luftangriffen auf Bagdad. Im Jarmuk-Krankenhaus, in dem sie liegt, wurden nach den Angriffen der letzten Nacht 101 Verletzte aufgenommen. Drei von ihnen starben im Krankenhaus, und der Zustand von einem weiteren ist kritisch. Am Tag zuvor waren es 36 Verletzte gewesen.

»Ich vermute, dass etwa die Hälfte der Verletzten hier bei uns sind«, sagt der Klinikdirektor Jamal Abid Hassan und unterstreicht, dass er nur die Zahlen der zivilen Opfer nennen könne. Falls Soldaten, die Gebäude bewacht hätten, verletzt oder getötet worden seien, gelte die militärische Schweigepflicht.

Das Krankenhaus liegt zwischen dem Zentrum und dem Flugplatz, und aus dieser Gegend kommen die meisten Verletzten. Ganze Familien mit Granatsplitterverletzungen sind eingeliefert worden. »Die Leute haben dieselben Verletzungen wie während des Golfkriegs: abgerissene Hände, schwere Beinverletzungen, Granatsplitterverletzungen und Brandverletzungen«, zählt Doktor Abid Hassan auf.

Hauptsächlich Militäranlagen, die Paläste Saddam Husseins und öffentliche Gebäude waren in dieser zweiten Bombennacht das Ziel der Amerikaner. In die zivilen Wohnviertel schlugen keine Bomben direkt ein. Aber die Granatsplitter trafen auch dort, wo Leute wohnen. »Gelegentlich fliegen Splitter nur ein paar Meter weit, manchmal aber auch mehrere hundert«, sagt der Klinikdirektor.

Aber die Verletzungen können auch genauso gut von irakischen Luftabwehrraketen hervorgerufen worden sein, wie bei Rassul. Während des Angriffs der vergangenen Nacht versuchten die irakischen Verteidiger erfolglos, amerikanische Flugzeuge abzuschießen. Was hochgeschossen wird, muss irgendwo auch wieder runterkommen, und an mehreren Stellen fielen die irakischen Raketen in Wohnviertel und explodierten dort. Die amerikanischen Bomben waren dagegen treffsicherer und trafen überwiegend ihre Ziele, die irgendwie mit dem Regime von Saddam Hussein zu tun hatten.

Das Jarmuk-Krankenhaus wurde ebenfalls getroffen. Der Klinikdirektor zeigt mir die kaputten Fensterscheiben. »Aber wir geben nicht auf. Wir halten aus, bis Bush es satt hat. Oder bis er ins Exil geht – ja, ich meine Bush«, sagt der Direktor und lacht kurz.

Im Bett neben Rassul sitzt eine Frau und hält einen kleinen Jungen in den Armen. Der Junge hat weiße Verbände um seinen Kopf und um die Hände. Er trägt einen löchrigen Schlafanzug, denselben, den er zu Beginn des Angriffs trug. Die Löcher kommen von den Splittern, die den kleinen Jungen trafen.

»Er hat mit seiner Schwester im Haus gespielt«, erzählt Duha, die Tante des Kleinen. Beide wurden getroffen, aber die Schwester ist bereits entlassen worden. Sie hatte nur eine kleine Schramme hinter einem Ohr. Ahmed hingegen ist seit dem Vorfall bewusstlos. Steif liegt er in den Armen seiner Tante.

»Wir waren alle im Wohnzimmer und wollten zu Abend essen. Gerade als wir den Kindern sagten, sie sollen sich setzen, knallte es. Beide fielen um, und wir brachten sie sofort ins Krankenhaus. Das ist jetzt 15 Stunden her«, sagt Duha. Ahmed ist immer noch nicht wieder aufgewacht. In seinem Hinterkopf steckt ein großer Splitter.

Während wir an seinem Bett stehen, beginnt der kleine Junge, sich zu bewegen. Schwache Laute dringen über seine Lippen. Er windet sich leicht. Duha flüstert ihm beruhigende Worte ins Ohr. Sie sieht uns flehend an. Dann legt sie ihr Ohr an seinen Mund, um ihn besser hören zu können. »Ich will nach Hause. Ich will nach Hause«, sagt Ahmed leise.

Dann schlägt der Junge die Augen auf. »Wo ist mein Ei?«, fragt er plötzlich. Da laufen Duha die Tränen die Wangen herunter. »Er hatte gerade ein Ei in die Hand genommen, als die Wand von den Granatsplittern durchschlagen wurde und er umfiel. Ein gekochtes Ei.«

Sie verspricht Ahmed so viele Eier, wie er sich nur wünscht.

Aus dem Nachbarzimmer sind laute Schreie und leises Stöhnen zu hören. Die Schreie kommen von der zwölfjährigen Warda. Ihre Beine waren voller Granatsplitter, die mittlerweile entfernt worden sind. Jetzt sollen die Wunden gereinigt werden. Das brennt, und das kleine Mädchen weint laut. Sie zappelt mit den Beinen, aber die Ärzte halten sie fest. Tränen des Schmerzes strömen dem verzweifelten Mädchen aus den Augen.

Neben Warda liegt ihre Tante. Sie erwartet in einem Monat ein Kind. Jetzt ist eins ihrer Beine zermalmt. Aber starke Scherzmittel darf sie nicht nehmen, weil das dem Ungeborenen schaden könnte. Sie windet sich, verdreht die Augen, ihr Gesicht ist nass von Schweiß und Tränen. Ihr geblümtes Nachthemd ist schweißgebadet. »Es tut so weh, so weh«, ruft sie.

Sie wird von einer lauten Gruppe übertönt, die das Zimmer betritt. Krankenschwestern und Putzpersonal treten mit geballten Fäusten ein und rufen Slogans für Saddam Hussein.

»Saddam Hussein – dein Name ist eine Ehre, ein Finger deiner Hand ist mehr wert als die ganze USA«, rufen sie. Die Frauen tanzen und klatschen. Mehrere Patienten schließen sich an und drohen ebenfalls mit den Fäusten. Der Grund ist offensichtlich: Das irakische Staatsradio besucht gerade das Krankenhaus. Ein Mann hält ein Mikrofon in die Luft, um die Slogans aufzunehmen. Er interviewt die Leute über den Krieg, Saddam Hussein und die USA.

Einige der Patienten sehen weg, wenn der Mann vom Radio sie nicht sehen kann. Leer starren sie sich an – sie sind die ersten Opfer des Krieges.

Es rauscht im Schilf

Die Iraker kämpfen einen verbitterten Kampf gegen die amerikanischen und britischen Streitkräfte, die sich in ihr Land vorarbeiten. Aber sie kämpfen auch an einer anderen Front: an der der Propaganda. Beharrlich versuchen die Behörden, die Iraker und den Rest der Welt davon zu überzeugen, dass sie siegen werden.

Die Schüsse schlagen in die Wasserfläche ein. Maschinengewehrsalven hämmern in den Tigris. Dieser verschluckt die Kugeln und fließt friedlich weiter Richtung Persischer Golf. An seinem Ufer steht eine große Zahl Männer: Soldaten mit Maschinengewehren, Parteimitglieder, die die Zuschauer aufhetzen, und schließlich Schaulustige in jedem Alter, von kleinen Jungen bis zu älteren Männern.

Fünf Boote patrouillieren am Ufer. Sie suchen das Schilf ab und versuchen, Wellen zu erzeugen, damit es für jemanden, der sich am Schilf festklammert, schwieriger wird, sich zu verstecken. Es hat Alarm gegeben: Ein amerikanisches Flugzeug sei getroffen worden, und die Piloten hätten sich an Fallschirmen herauskatapultiert. Sie seien im Tigris gelandet, heißt es den Gerüchten nach.

Mehrere Taucher sind bereits da. Sie tauchen und suchen, kommen wieder an die Oberfläche, setzen die Suche fort. Einige Männer in Uniform gießen Öl ins Schilf, zünden es an. Knackend und unter großem Jubel fängt das Schilf Feuer. Plötzlich ruft jemand: Hierher! Alle wenden sich in seine Richtung. Das Ufer ist schwarz vor Menschen, die hin- und herlaufen, um etwas sehen zu können. Auch die Brücke ist voller Menschen. Stundenlang verfolgen sie das Schauspiel: *The only show in town*.

Alle versichern sie dasselbe: Dass zwei Piloten abgesprungen seien und sich jetzt im Fluss oder auf dessen Grund befänden. Immer noch sind Schüsse zu hören. Die Leute bleiben stehen, wo sie sind, nur gelegentliche Bombenexplosionen lenken manchmal die Aufmerksamkeit vom Flussufer weg.

Aber wo ist das Flugzeug? Und wo sind die Fallschirme? Wer hat die eigentlich gesehen? Ein kleiner Junge ist ganz sicher, dass er sie fallen sah. Ein Mann, der behauptet, Ingenieur zu sein, ist sich ebenso sicher. »Die sind da unten irgendwo im Fluss«, erklärt er von seinem Logenplatz auf der Brücke.

Während die irakischen Behörden behaupten, fünf Flugzeuge und zwei Hubschrauber abgeschossen zu haben, bestreitet der Oberkommandierende der amerikanischen Truppen diese Angaben. »Uns fehlt keine Maschine«, lautet seine Auskunft am Sonntagnachmittag.

In Bagdads Restaurants und Teehäusern gehen unzählige Gerüchte um, von amerikanischen Gefangenen und abgeschossenen Flugzeugen, militärischen Siegen und furchtbaren Verlusten. Und was ist mit Saddam Hussein? Wurde er beim Angriff in der vergangenen Nacht verletzt oder nicht? Hat nicht jemand gesehen, wie er einen seiner Paläste im Krankenwagen verließ?

Während die Show am Tigris weitergeht, wird Bagdad mehrmals von Bomben getroffen. Kräftige Detonationen lassen die Fensterscheiben bedrohlich klirren, und die Leute rennen auf die Straße. Nach vier Tagen mit Bomben haben sich die Bewohner Bagdads an das Knallen und die Explosionen gewöhnt. Die Neugier ist größer als die Angst. Es knallt sieben Mal hintereinander. Eine große, weiße Rauchsäule steigt am Horizont auf. Lautstark wird miteinander diskutiert, wo die Bombe eingeschlagen sein könnte.

Alle haben etwas gesehen oder kennen jemanden, der etwas gesehen hat – oder kennen jemanden, der jemanden kennt, der etwas von jemandem gehört hat, der etwas gesehen hat.

In einer der Vorstädte begegnen wir Amir. Aufgeregt erzählt der junge Mann von einem weiteren amerikanischen Piloten, der am selben Morgen abgeschossen worden sein soll.

»Seine Maschine wurde abgeschossen, aber er brachte sich mit dem Schleudersitz in Sicherheit«, erzählt Amir. »Er landete auf dem Dach der Kindi-Schule und begann wie wild um sich zu schießen. Ich stand direkt daneben, weil ich in der Nähe als Wachmann die Runde machte. Polizei und Soldaten kletterten aufs Dach. Da warf der Pilot die Waffe weg, legte die Hände in den Nacken und sank auf die Knie.«

»Wie sah er aus?«

»Er hatte keinen Bart, und seine Haut war weiß. Auf dem Kopf trug er einen Helm, und in einer Tasche auf dem einen Oberschenkel steckte eine Landkarte. Er trug einen Pilotenoverall mit einem langen Reißverschluss vorn. Er sah sehr verängstigt aus.«

Amir behauptet, das abgestürzte Flugzeug läge 10 Kilometer entfernt am Stadtrand und dass der Pilot zum Schluss festgenommen worden wäre. Amir ist Mitglied der Baath-Partei, auf die sich Saddam Husseins Macht gründet. Ihre Aufgabe besteht unter anderem darin, den Kampfwillen der Bevölkerung zu stärken und zu zeigen, dass Saddam Hussein der starke Mann ist. »Der Irak wird siegen«, versichert Amir. »Wir werden dem Feind die Hand abhacken.«

Die Geschichte vom Piloten auf dem Dach der Schule ist nur eines der vielen unbestätigten Gerüchte in Bagdad an diesem Tag.

Im irakischen Fernsehen werden ständig Berichte über die Stärke des irakischen Heeres verlesen. Alte Aufnahmen von Paraden und von Soldaten beim Training werden gezeigt. Sie springen über brennende Panzer, bekämpfen sich mit Karate und klettern steile Felswände hoch. Alles erinnert an ein Trainingslager für Stuntmen in einem James Bond-Film.

»Der Feind ist geschwächt«, liest der Fernsehmoderator vor. Seit die Bombenangriffe begonnen haben, trägt auch er die feldgrüne Uniform der Baath-Partei. »Wir siegen an allen Fronten«, lautet die Meldung vom Verteidigungsminister.

Die Iraker bekommen keine wirklichen Informationen von der Front. Es wird nicht gemeldet, wo oder wann Kämpfe stattgefunden haben, wie viele Tote es gab oder wie weit die Amerikaner bereits vorgerückt sind. Die Sendungen geben sich nur den Anschein, informieren zu wollen. In Wahrheit handelt es sich um reine Propaganda.

Der normale Bürger soll das Gefühl bekommen, dass er am Kampf gegen die Amerikaner beteiligt ist. Auf der ersten Seite der Zeitungen wurde gestern demjenigen eine ansehnliche Belohnung von Saddam Hussein versprochen, der den Feind bezwingt. Für den Abschuss einer Militärmaschine soll es 100 Millionen Dinar geben, für einen Hubschrauber 50, dasselbe für einen lebenden Piloten, die Hälfte für einen toten.

Während die Gerüchteküche weiter brodelt, verlassen die Leute in der Dämmerung die Brücke über den Tigris. Der Fluss fließt weiter friedlich dahin, wie schon damals, als hier ganz in der Nähe der Turm zu Babel gebaut wurde. Das liegt viele, viele Jahre und viele, viele Kriege zurück.

Eins zu null für Saddam

Die Amerikaner siegen auf dem Schlachtfeld, aber die Iraker erringen Siege auf einem ganz anderen Feld. Durch bewusste Propaganda und überzeugende Appelle an das Nationalgefühl gelingt dem Regime das Unmögliche: Die Herzen der Bevölkerung zu gewinnen.

Isam war immer ein Gegner des Regimes. Er war einer von denen, die flüsternd ihren Hass auf Saddam Hussein bekannt haben, wenn sie sich sicher waren, dass niemand zuhörte. Einer von denen, die wünschten, dass das brutale Regime untergehen würde, egal was es koste. Früher sagte Isam, die Amerikaner sollten nur kommen. »Dann werden wir endlich unseren Präsidenten los.«

Aber nach dem fünftägigen Bombardement von Bagdad und mit tausenden von amerikanischen Soldaten auf irakischer Erde hat Isam seine Meinung geändert. Daraus will er auch Konsequenzen ziehen: Er lässt sich freiwillig vom Regime und der örtlichen Baath-Partei anwerben.

»Sie haben unser Land besetzt, unsere Frauen und Kinder getötet und unsere Paläste zerbombt. Sie haben keinen Respekt vor uns. Sie glauben, sie können machen, was sie wollen«, sagt Isam resigniert. »Ich kann nicht einfach ruhig dasitzen und zusehen, wie sie mein Land zerstören. Ich will für meine Stadt kämpfen. Kein Amerikaner soll jemals in Bagdad das Sagen haben.«

»Aber du hast doch immer gesagt, dass du Saddam Hussein hasst?«

»Das tue ich auch immer noch, er muss sich einen Teil der Schuld dafür zuschreiben lassen. Aber dieses Mal geht es um etwas Wichtigeres: Unser Vaterland.«

Isam hat mehrere Tage hintereinander das irakische Fernsehen geschaut, das in letzter Zeit vollkommen militarisiert worden ist. Die Moderatoren tragen Uniform, ein Militärmarsch nach dem anderen wird gespielt. Ständig werden Appelle verlesen, das Vaterland zu verteidigen. Verletzte von den Bombenangriffen werden im Krankenhausbett interviewt, Stammesführer unterschiedlicher Klans rufen zur Einigkeit auf, Soldaten führen Trümmer abgeschossener Hubschrauber vor, und in den Studios werden Dichter, Professoren und Sänger befragt. Alles, um den Widerstand der Bevölkerung zu stärken.

Die Sirenen heulen und die Bomben fallen, und Bagdad richtet sich damit ein. Geschäfte sind in den Morgenstunden geöffnet, man trifft sich in den Teehäusern und Cafés, Autos stehen im Stau – nur sind diese etwas kürzer als früher. Die Zeitungen erscheinen immer noch, das Fernsehen und das Radio produzieren Marathonsendungen, es gibt Strom, und aus dem Wasserhahn kommt warmes Wasser. Das Telefon funktioniert – sowohl bei Orts- als auch bei Auslandsgesprächen. Der größte Unterschied besteht darin, dass niemand mehr zur Arbeit geht. Die meisten Arbeitsplätze sind geschlossen. Dadurch haben alle umso mehr Zeit zum Fernsehen.

»Aladins Café« im Karada-Viertel von Bagdad ist halb voll. An ein paar Tischen sitzt die örtliche Miliz, an den Stammtischen sitzen die, die auch sonst dort sind. Aladin serviert Kebab und gegrillte Fleischspieße mit Brot, Tomaten und Zwiebeln. Zusätzlich serviert er noch von einem Bildschirm an der Wand live den Präsidenten Saddam Hussein.

Gellende Musik und das Symbol der irakischen Nation, der Adler, als Signal – die Rede kann beginnen: »Stolze Iraker, mutige Krieger der bewaffneten Streitkräfte, Friede sei mit euch«, beginnt der irakische Präsident. »Alle Menschen dieser stolzen, geduldigen, ehrlichen und heldenhaften Nation wissen, dass wir auf der richtigen Seite kämpfen. Jetzt müssen wir zusammen rücken, jetzt müssen wir der Welt zeigen, wer wir sind. Wir müssen geduldig sein und stark, und weil Allah uns beisteht, werden wir siegen«, sagt Saddam Hussein.

Alle Augen im Café sind auf den Bildschirm gerichtet und auf den Mann, nach dem die Amerikaner suchen. Auf den Mann, der sie in den Krieg geführt hat. Sowohl vor als auch während und nach der Rede explodieren Bomben. Aber alle sitzen unbeweglich da und hören die Rede an, die beweist, dass der Präsident immer noch am Leben ist, und damit nicht genug: Er regiert das Land noch immer. Gelassen und behäbig sitzt er hinter seinem Tisch und erzählt von Siegen in Basra und Nasaria und von abgeschossenen Hubschraubern und von Kriegsgefangenen. Und das alles, um den Zuschauern zu beweisen, dass die Aufnahmen neu und echt sind.

Obwohl Saddam Hussein mehrere Doppelgänger hat, Männer, die sich mehreren Gesichtsoperationen unterzogen haben, um dem Präsidenten ähnlich zu sehen, wissen alle, dass das hier echt ist, denn keinem der Doppelgänger gelingt es, Saddam Husseins Stimme nachzuahmen. »Greift an! Allah ist mit euch!«, sagt Saddam und dankt dann der Partei, den Stammesführern, den Freiwilligen und den bewaffneten Streitkräften.

Nach der Rede wird ein Militärmarsch gespielt, in dem es darum geht, die USA von der Landkarte auszuradieren. Anschließend hat man einen Dichter ins Studio eingeladen. Er wird gebeten, die Rede des Präsidenten zu analysieren. »Alle Worte wirken gemessen an dieser mannhaften Rede bedeutungslos und gehemmt«, ist das Erste, was der Dichter sagt. »Wenn wir ihn anhören, fühlen wir uns mutig und stark«, sagt er. Dann will er eines seiner Gedichte lesen, das es jedoch »mit der Sprache Saddam Husseins nicht aufnehmen kann«. Das Gedicht heißt: »Die entscheidende Schlacht« und beginnt folgendermaßen:

Wir sind bereit, wie mutige Männer das sein sollen,
Unsere Körper sind wie Bomben im Kampf,

Wir werden den Feind nie siegen lassen,
Eins zu null für Saddam.

Nach der Séance mit dem Dichter ist Zeit für richtige Nachrichten. Der Fernsehmoderator spricht mit dem Korrespondenten in Basra am Telefon. »Die ehrenwerten irakischen Krieger kämpfen gnadenlos gegen die amerikanischen Tyrannen. Gestern wehrten sie den Feind wie in einer heldenhaften Legende ab. Unsere Männer brachten das Vorrücken des Feindes zum Stillstand. Ganz Basra kämpfte gegen ihn«, erzählt der Korrespondent.

»Wie hat sich der Feind geschlagen?«, fragt der Moderator.

»Er hat uns mit seinen Kampfflugzeugen beschossen. Auch die Zivilisten. Wohnviertel wurden zerstört. Aber wir haben Widerstand geleistet.«

»Wie haben die Menschen in Basra die Rede Saddam Hussein aufgenommen?«

»Das war eine historische Rede. Die Leute saßen beisammen in den Cafés, um sie zu hören. Die großen Worte unseres Präsidenten haben ihnen imponiert und sie inspiriert.«

Auch Isam in Bagdad ist ganz dieser Meinung. »Wirklich sympathisch war an dieser Rede«, meint er, »dass er am Schluss die Namen mehrerer Generäle, Stammesführer und Offiziere, die einen besonderen Einsatz geleistet hatten, verlas. Als wolle er die Ehre nicht nur für sich beanspruchen. Als seien wir alle zusammengerückt und würden kämpfen. Das hat er noch nie gemacht«, meint er nachdenklich.

Morgen will Isam zur verhassten Baath-Partei gehen, dem verlängerten Arm Saddams, um sich ihr zur Verfügung zu stellen. Nach fünf Kriegstagen steht es eins zu null für Saddam – zumindest in den Herzen der Leute.

Bagdad hält den Atem an

Der Sandsturm erreicht nun auch Bagdad und reißt alles weg, was nicht niet- und nagelfest ist. Aber in Bagdad ist ein Sturm zu erwarten, der weitaus gewaltsamer ist – wenn der wirkliche Krieg, die Bodenoffensive, über die Stadt hereinbricht.

Die irakische Hauptstadt ist in ein magisches Licht getaucht. Aus dem Süden kommt der Wüstenwind und führt einen dünnen, gelben Sandstaub mit sich. Dieser mischt sich mit dem Rauch des Öls, das am Stadtrand in Flammen steht. Niedrige Wolken hängen bedrohlich am Himmel und führen dazu, dass Rauch, Staub und Sand wie eine Decke über der Stadt hängen. Gegen Abend wird dieser dann von den gewaltsamen Windböen weggeblasen. In dem beißenden Wind schwanken die Palmen bedrohlich, und alle bleiben zu Hause.

Oder liegt es daran, dass es keinen Bombenalarm gibt, dass so wenige Leute auf der Straße sind? Die Behörden haben verlautbart, dass die Sirenen nicht mehr ertönen werden. »Auf den Radarschirmen tauchen ständig Flugzeuge auf, und die Gefahr ist immer gegenwärtig. Die Sirenen müssten also die ganze Zeit heulen«, erklärt ein Einwohner Bagdads. »Dass die Sirenen nicht mehr zu hören sind, macht einem fast noch mehr Angst als zuvor ihr Heulen, das uns sagte, dass die Flugzeuge im Anflug sind. Nicht zu vergessen die Entwarnung.«

Aber nicht allen gelingt es, sich in den eigenen vier Wänden aufzuhalten, trotz der Bomben und Sturmböen. »Ich gehe die Wände hoch, wenn ich zu Hause bleibe«, sagt Ali, der an einer der Brücken über den Tigris einen kleinen Laden für Ersatzteile betreibt. Um ihn herum sitzen ein paar seiner Freunde, einer von ihnen besitzt eine Autowerkstatt. »Ich habe geschlossen, nicht wegen des Krieges, sondern weil die Kunden ausbleiben. Auch wenn ich von frühmorgens bis spätabends dort wäre, würden ein oder zwei kommen. Da habe ich lieber geschlossen, dann bleibt mir das Warten erspart.«

Ganz Bagdad wartet in diesen Tagen. Alle warten darauf zu erfahren, wann der Krieg aufhört oder überhaupt richtig anfängt. »Das hier ist erst das Vorspiel«, meint Ali. »Der wirkliche Krieg hat noch nicht begonnen. Er kommt aber bald.«

Der wirkliche Krieg findet an anderen Orten statt, in Basra, in Mosul, in Nasaria und in der Wüste. Aber eigentlich wird um die Macht in Bagdad gekämpft. Und hier wird es die schwersten Gefechte geben, in dieser Stadt, die mit ihrem alten Namen »Madinat-es-Salam« – Stadt des Friedens – heißt. Hier befindet sich das Hauptquartier des Widerstands gegen die britischen und amerikanischen Truppen. Für Bush ist Bagdad die Stadt, die er erobern muss, um Saddam Hussein und das irakische Regime zu vernichten.

Ali und seine Freunde weigern sich, die Angaben zu glauben, amerikanische Truppen seien nur noch 80 Kilometer von Bagdad entfernt. »Das ist amerikanische Propaganda. Wir glauben das nicht, bevor wir das nicht im Fernsehen gesehen haben«, sagen sie. Aber sie rechnen ebenfalls damit, dass die entscheidende Schlacht die um Bagdad sein wird.

Die Bombenangriffe gegen die irakischen Verteidigungslinien haben in den letzten fünf Tagen zugenommen. Das könnte darauf hindeuten, dass die Bodenoffensive bevorsteht. Der Irak hat seinerseits große ölgefüllte Gräben entzündet, und schwarzer Rauch liegt über der Stadt. Die Behörden hoffen, dass er den Steuermechanismus der Raketen lahmlegt.

Niemand kennt die irakische Strategie genau, die Saddam Hussein und sein ältester Sohn Qusay ersonnen haben.

Husseins Sohn ist der Chef der Republikanischen Garde und des Sicherheitsdienstes. Er wurde erst kürzlich zum Kommandanten von Bagdad ernannt. Soweit man weiß, gibt es mindestens drei Verteidigungslinien, die Bagdad umgeben: Die äußerste auf der offenen Ebene 20 bis 50 Meter von der Hauptstadt entfernt, die nächste in den Vorstädten, die dritte in der Stadt selbst, was die militärische Auseinandersetzung in einen urbanen Guerillakrieg verwandeln könnte.

Saddam Hussein hat ihn selbst angekündigt: »Wir werden in den Straßen kämpfen, von den Dächern, Haus um Haus«, sagte er unlängst in einer Rede. Das könnte an der bitteren Lektion liegen, die die Iraker im Golfkrieg gelernt haben, welcher in der Wüste geführt wurde. Dort war die militärische und technologische Überlegenheit der USA erschütternd. Deswegen hält sich jetzt eine große Zahl der irakischen Eliteeinheiten in Bagdad selbst auf, um hier die letzte Schlacht auszukämpfen. Sie halten sich versteckt, in Wohnblöcken, in leer stehenden Gebäuden und zu Hause bei ihren Leuten.

Bagdad mit seinen fünf Millionen Einwohnern, die zweitgrößte Stadt der arabischen Welt, bietet für die Verteidiger keine großen Vorteile. Breite Boulevards, riesige Gebäude und flaches Terrain bieten wenig Schutz. Bagdad ist eine Stadt, in der fast alle alten Viertel verschwunden sind und großen Plätzen und Kreuzungen Platz gemacht haben. Die Großstädte der Sowjetunion haben Pate gestanden.

Die große Frage ist, wie Qusays Männer reagieren werden. Was wird geschehen, wenn sie von einem überlegenen Heer angegriffen werden und vielleicht den Kontakt zu ihren Kommandanten verlieren? Werden sie spontan weiter um jedes Haus kämpfen und um jede Straße, oder werden sie sich ergeben?

Die Hoffnung des Regimes besteht darin, alle bewaffneten Mitglieder der regierenden Baath-Partei auf seine Seite zu bekommen und die Freiwilligen, die an ihren Arbeitsplätzen geworben wurden, und die Studenten, die den Gebrauch einer Waffe in einem Sommerkurs gelernt haben. Viele haben erst in den letzten Wochen Unterricht im Gebrauch klassischer Guerillawaffen erhalten: Maschinengewehr, Granat- und Raketenwerfer, Mörser und leichte automatische Waffen. Mit diesen Waffen ist gegen Bomber, schwere Artillerie und Hubschrauber nichts auszurichten, sie können jedoch hilfreich sein, wenn der Kampf um einzelne Straßen geführt wird. Es gibt auch Märtyrerbrigaden, die an der Militärakademie und von der Baath-Partei selbst ausgebildet wurden. Sie können einberufen werden, um ihr Leben bei einem Selbstmordattentat zu opfern.

Es herrscht ebenfalls große Unsicherheit, was interne Konflikte angeht. Wird es in Saddam City, dem Stadtteil der Schiiten, einen Aufruhr gegen das Regime geben? Werden diese eine eigene Front gegen Qusays Männer eröffnen?

Bislang haben die Sicherheitskräfte die totale Kontrolle in Bagdad. Nachts sind die Straßen menschenleer und tagsüber sehr still. Soldaten, Polizei und Miliz patrouillieren in jedem Viertel, auf jeder Straße und an jeder Ecke.

Aus der »Stadt des Friedens« kann die Stadt des Bürgerkriegs und des Chaos werden. In dieser Nacht rast der Sandsturm vor den verschlossenen Türen der Leute. Nicht weit davon entfernt wird der äußerste Verteidigungsring der Stadt von amerikanischen B-52-Bombern angegriffen. In kurzer Zeit könnte der wirkliche Krieg ausbrechen. Bagdad hält den Atem an.

Al-Shaab in Trauer

Nach einer Woche mit Bombenangriffen lief etwas schief. Fünfzehn Menschen wurden getötet und etwa dreißig verletzt, als gestern zwei Raketen in einer Gegend von Bagdad ohne militärisches Ziel explodierten.

Es ist fast halb zwölf Uhr. Bald ist Zahra wieder zu Hause. Sie und ihre Familie haben sich entschlossen, in das Haus im al-Shaab-Bezirk von Bagdad zurückzuziehen. Um den Bomben zu entgehen, haben sie die letzte Woche bei Verwandten am Rand von Bagdad gewohnt. Aber jetzt, da der Bodenangriff erwartet wird, hat sich die Familie entschlossen, ins Zentrum zurückzukehren, wo es sicherer ist. Zahra hält auf dem Rücksitz des Minibus das Baby im Arm. Mit ihr zusammen sind ihr Mann, ihre Schwester, ihre Mutter und ihre drei Kinder unterwegs. Der Minibus hält an, und die Familie steigt aus.

Neben ihnen hat ein Tanklaster angehalten. Der Fahrer will im Restaurant »Ristafa« zu Mittag essen, das als eines von wenigen noch geöffnet ist. Das Restaurant ist fast leer. Vor der Tür laufen ein paar Kinder im Sand herum, den die Sandstürme der letzten Tage herangetragen haben.

Noch ehe der Fahrer über die Straße gegangen ist, knallt es. Eine Rakete schlägt neben dem Tanklastwagen in den Bürgersteig ein. Flammen überall. Der Fahrer und die Leute in seiner Nähe sind sofort tot. Die ganze Familie Zahra wird vom Luftdruck zu Boden geschleudert.

Aus einem Haus in der Nähe kommt Mohammed angelaufen. Er hat den Knall gehört und will sehen, was passiert ist. Eine neue Rakete kommt angesaust, schlägt ein, und die tödlichen Splitter sausen in alle Richtungen. Der 22-jährige stürzt schreiend zu Boden. Sein eines Bein besteht nur noch aus blutigen Fetzen. Im anderen stecken Unmengen von Splitter.

Überall gehen Menschen zu Boden, durch den Luftdruck, von Splittern getroffen und vom Schock. Der Tanklaster steht in Flammen, fast zwanzig weitere Autos in der Nähe beginnen ebenfalls zu brennen. Diejenigen, die zufällig vorbeifuhren, als die Raketen explodierten, verglühen in ihren Fahrzeugen. Die Läden, die geöffnet waren, sind zerstört, und etwa zehn Wohnungen sind verwüstet. Die Einrichtung des Restaurants »Ristafa« liegt in Trümmern, diejenigen, die dort zu Mittag gegessen haben, sind tot. Die Schreie hallen durch die Luft. Blut fließt in den Sand der Straße und auf die Bürgersteige. Wer noch dazu in der Lage ist, steht auf.

Zahra und ihre Familie bleiben bewusstlos liegen. Auch Mustafa liegt da und schreit vor Schmerzen. Neben ihm liegt ein Mann, dessen Schlagader am Arm aufgerissen ist. Das Blut schießt aus seinem Körper. Beide sind noch bei Bewusstsein, als der Krankenwagen sie abholt.

Etwa dreißig Verletzte werden ins al-Zahrawi-Krankenhaus ganz in der Nähe gebracht, einer von ihnen stirbt auf dem Weg dahin. Die Getöteten werden ins al-Kindi-Krankenhaus geschafft. Dort werden sie noch am selben Nachmittag von ihren Familien abgeholt, die sie begraben.

Abgerissene und abgeschnittene Körperteile werden rasch eingesammelt. Die ausgebrannten Fahrzeuge und Wohnungen und die zerstörten Läden bleiben zurück wie leere Krater. Nach ein paar Stunden ist nur noch das Blut im Sand übrig. Da beginnt es zu regnen, und die Pfützen füllen sich in blutroter Farbe. Als würde der Regen das Blut aus dem Sand am Bordstein waschen und die Pfützen mit rotem Schmutzwasser füllen.

Wütende und verängstigte Zuschauer stehen herum. Ihr Viertel ist angegriffen worden. »Bush hat gesagt, er würde nur militärische Ziele angreifen, und was ist das hier?«, schreit ein Mann laut. »Sie wollen uns ganz vernichten«, ruft ein anderer.

»Hier gibt es keine militärischen Ziele. Das hier ist die Rache dafür, dass wir auf den Schachtfeldern vorrücken«, behauptet ein anderer. »Bush sollte sich schämen!«

Währenddessen erwacht Zahra im Krankenhaus. Ihr ganzer Körper ist voller Splitter, und sie hat sich vier Rippen gebrochen. Neben ihr steht ihre Tochter Aisha. Ihr Haar ist voller Schmutz, aber die Dreijährige ist unverletzt. Aisha steht da und tätschelt ihrer Mutter die Hand und liebkost ihren Unterarm.

Matt lächelte Zahra ihre Tochter an. Im Bett neben ihr liegt ihr Mann mit einer Splitterverletzung in der Schulter. Daneben liegt ihre jüngere Schwester mit Bein- und Brustverletzungen. Das Bett an der Wand hat ihre Mutter. Diese hat bei dem Angriff ein Ohr verloren und einen blutigen Verband um den Kopf.

»Wo ist Hamudi?«, fragt Aisha.

»Hamudi ist zu Hause. Es geht ihm gut«, sagt Zahra. Sie hat eben gehört, dass der zehnjährige Hamudi und ihr Baby den Angriff unverletzt überstanden haben. Ihr laufen die Tränen die Wangen herunter.

Nicht allen Kindern in der Straße in al-Shaab ist es ebenso gut ergangen. »Zwei Babys wurden schwer verletzt. Einem wurde ein Teil des Kopfes weggerissen, das andere hat Splitterverletzungen. Ein anderes kleines Kind wurde schwer verletzt, weil es seiner Mutter durch den Luftdruck aus den Armen gerissen wurde«, erzählt Doktor Sermed al-Gailani. Er hat die ersten Patienten nach dem Raketenangriff behandelt. »Die meisten haben Verletzungen am ganzen Körper, an Brust, Bauch, Armen und Beinen. Mehrere Kinder haben Kopfverletzungen erlitten, zum Teil mit sehr starken Blutungen.«

Weil das Krankenhaus in unmittelbarer Nähe des Schauplatzes der Katastrophe ist, kommen die meisten Verletzten hierher. Nach erster Behandlung werden die, deren Zustand relativ stabil ist, in drei verschiedene Krankenhäuser in Bagdad weitergeschickt.

»Furchtbar!« Der Arzt seufzt. »Das hier sind unschuldige

Menschen. Das haben sie nicht verdient. Aber so ist der Krieg. Es wird noch mehr Tote und Verletzte geben. Wer etwas anderes behauptet, betrügt sich selbst. Das hier wird viel schlimmer als alles, was wir bisher gesehen haben«, sagt er leise.

Vor dem Krankenhaus tobt immer noch der Sandsturm. Es dämmert, die Leute verschwinden in den Häusern, nur noch die ausgebrannten Autos stehen auf der Straße. Die Detonationen von Bomben, die am Rand von Bagdad einschlagen, sind zu hören. Der Krieg geht weiter, während das Blut in den Pfützen in der Straße in al-Shaab vom Regenwasser weggespült wird.

Stimmen aus dem Teehaus

Bagdad ist auf dem Weg, total militarisiert zu werden. Die Mullahs fuchteln in den Moscheen mit Gewehren. Die Soldaten werden auf den Straßen immer zahlreicher, und die Iraker haben nach jeder Nacht mehr zu rächen.

»Wie können die nur glauben, dass sie Demokratie mit Gewalt einführen können?«

Qais ist von seinem Hocker im Teehaus »al-Sahawi« in Bagdad aufgestanden. Er kommt auf das Fenster zu, an dem ich sitze. »Demokratie muss vom Volk ausgehen«, sagt er und bebt vor Wut. Er ist so erbost, dass er nicht mehr darüber nachdenkt, was er da eigentlich sagt. Qais sagt, dass er sich für den Irak eine Demokratie wünsche, aber dass die Iraker sie selbst schaffen müssen. Das sei nicht im Handumdrehen zu bewerkstelligen, meint er. Qais traut sich was. Allein zu sagen, dass man sich mehr Demokratie wünscht, ist im Irak schon gefährlich, denn die Behörden bezeichnen das Land bereits als eine Demokratie. Präsident Saddam Hussein bekam bei der Wahl im letzten Herbst nicht weniger als 100 Prozent der Stimmen. Aber es hat den Anschein, als seien die Leute in diesen Tagen weniger wachsam. Die Angst vor den Bomben hat die Angst vor dem Regime abgelöst.

»Was halten Sie vom gegenwärtigen Regime?«

Qais steht da und starrt mich an. Wie erstarrt. Sein Lippen zittern. Er ist jetzt vollkommen verstummt. Er setzt sich wieder, ehe er antwortet. »Das ist nicht die entscheidende Frage. Das sind zwei unterschiedliche Dinge. Jetzt geht es um den

Irak, jetzt geht es um unser Vaterland. Man hat uns besetzt, wir müssen kämpfen.«

Nach diesem etwas abgehackten Monolog muss Qais erst einmal durchatmen. Er hat ihn auf Englisch gehalten, und es war ihm gleichgültig, dass der Dolmetscher vom Informationsministerium in der Ecke halbherzig mithörte. Das sind neue Zeiten, Kriegszeiten.

Im »al-Sahawi« ist alles beim Alten. Das Teehaus an der Ecke der al-Rashid-Straße und einer der vielen Gassen, die auf sie münden, wurde um 1890 eröffnet. Hier treffen sich regelmäßig die Männer aus dem Viertel. Sie spielen Backgammon, trinken Tee und tauschen die letzten Neuigkeiten aus. Die Leute neben der Tür grüßen jeden, der eintritt. Der Aprikosenduft der Wasserpfeifen hängt süßlich über dem Lokal. Die Männer sind sich in einem einig: Dass diese Sache sehr lange dauern wird.

»Der Verteidigungsminister sagte gestern, dass die Amerikaner Bagdad in wenigen Tagen eingeschlossen haben könnten. Das stimmt vermutlich, aber die Kämpfe werden lange andauern«, sagt einer. Die Männer schätzen: einen Monat, zwei Monate, drei Monate, sechs Monate.

»Die Sache nimmt kein Ende, ehe sich die Amerikaner nicht zurückziehen«, sagt ein emeritierter Professor der Biochemie, der hier seine tägliche Wasserpfeife raucht. »Die Truppen sind sehr ungleich, schließlich sind wir fast entwaffnet. Die Amerikaner sind uns in allem überlegen, Waffen, Technologie und Ausrüstung, aber wir haben etwas, was sie nicht haben: Wir haben etwas zu verteidigen. Das hier könnte unser Stalingrad werden«, sagt der Professor.

Ein Vater und sein Sohn treten ein. Der Vater trägt ein traditionelles, knielanges, arabisches Gewand, der Sohn Jeans und Joggingschuhe. Sie kommen direkt vom Freitagsgebet, setzen sich und klinken sich ins Gespräch ein.

»Dschihad«, sagt der Vater. »Der Mullah hat zum Dschihad aufgerufen. Er hat gesagt, dass wir alle für das Vaterland gegen die Besatzer kämpfen müssen. Die ganze Zeit hielt er dabei ein Gewehr in der Hand.«

Es ist mehrere Wochen her, dass die Mullahs während des Freitagsgebets Gott mit Alis heiligem Schwert in der Hand anriefen. Ali ist der vierte Kalif im Islam und als ein großer Krieger bekannt. Als die Mullahs während der Gebete mit den Schwertern zu fuchteln begannen, spürten die Leute in Bagdad, dass der Krieg näher kam. Jetzt haben die Mullahs das Schwert gegen ein Gewehr vertauscht, und die Botschaft ist nur allzu deutlich: Jeder muss das Land verteidigen.

In Bagdad hat man den Eindruck, als würde der Verteidigungswille mit jedem Tag zunehmen. Jede Nacht werden mehrere hundert Menschen ins Krankenhaus gebracht. Jede Nacht werden Menschen von Bomben und Raketen getötet. Bisher beträgt die Zahl der Getöteten im ganzen Land 350, die der Verletzten 3500, so die irakischen Behörden.

»Die Amerikaner haben sich verrechnet«, sagt ein westlicher Diplomat, einer der wenigen, die immer noch in Bagdad sind. »Sie haben geglaubt, dass das, was sie klar sehen, auch die ganze Welt klar sieht: Dass Saddam Hussein ein verhasster Diktator ist und dass er gestürzt werden muss. Sie haben damit gerechnet, dass die Iraker ihnen dafür danken würden, dass sie ihnen die Freiheit schenken«, sagt der Diplomat in seiner kühlen Villa aus Ziegelsteinen. Die dünnen Gardinen flattern in den offenen Fenstern.

»Aber da ist etwas, was die Amerikaner, und was das angeht, auch die Engländer, nie verstehen werden. Sie unternehmen nicht einmal den Versuch. Die Mentalität anderer Völker. Ich habe sehr lange hier gewohnt und etwas über die Iraker gelernt: Das Schlimmste für einen Iraker ist es, das Gesicht zu verlieren. Sowohl im Großen wie im Kleinen. Ich achte darauf, dass ich einen Angestellten nie zurechtweise, wenn Dritte das mitbekommen könnten. Denn dann bin ich ihn los. Jetzt hat der Irak auf einer viel höheren Ebene das Gesicht verloren, auf der Ebene der Nation. Das Land ist besetzt, gedemütigt. Das hat dazu geführt, dass Leute, die das herrschende Regime sonst keinesfalls unterstützt hätten, sich jetzt von ihm anwerben lassen.

Die Amerikaner haben geschafft, was Saddam Hussein nie gelungen ist«, sagt der Diplomat resigniert. »Man sollte es sich wirklich gut überlegen, einen Krieg zu beginnen. Und das haben die Amerikaner nicht getan.«

Mein toter Freund ist ein Märtyrer

»Die Amerikaner glaubten, dass es ein paar Tage dauern würde, aber wir haben sie zurückgezwungen«, sagte gestern Sultan Hashim Ahmed, der Verteidigungsminister des Irak. Er räumte ein, dass die Amerikaner militärisch überlegen seien, sagte aber auch, dass sie nie gewinnen werden, ehe sie es nicht wagen, die Städte anzugreifen.

»Mein bester Freund Kadim kam gestern von der Front in Najaf nach Hause«, erzählt Ali. »Tot.« Kadim war Kommandant einer Abteilung an der Najaf-Front gewesen, etwa 200 Kilometer südlich von Bagdad. Ali weiß nicht, wie sein Freund umgekommen ist, nur, dass er in der Wüste bei Najaf den Tod fand. Er wurde zu seiner Familie gebracht und hinterlässt eine Frau und drei kleine Kinder. Ali trauert sehr um seinen Freund, mit dem er zusammen in Bagdad aufgewachsen ist. Nach der Jugend trennten sich ihre Wege, Ali studierte und Kadim entschied sich für eine Karriere beim Militär. Aber ihre Freundschaft hielt.

Wenn Kadim ein Grab in Bagdad erhält, taucht er in keiner Statistik über Tote auf. Eine solche gibt es im Irak nicht, nicht jetzt und auch nicht während des vorigen Golfkrieges. Die Behörden berichten nie über militärische Verluste, nur über Siege.

»Die Iraker setzen ihren heroischen Dschihad gegen die Invasionstruppen fort«, schrieb gestern *Al Thawra*, eine der größten Zeitungen in Bagdad, die von der regierenden Baath-Partei herausgegeben wird. Die Berichte darüber, dass die

Iraker die britischen und amerikanischen Truppen zurückwerfen, sind mit Details gespickt. »Ein Hubschrauber, elf Panzer, zwölf gepanzerte Fahrzeuge und zwei unbemannte Flugzeuge wurden unschädlich gemacht. Wir haben dem Feind große Verluste beigebracht. Es gab viele Tote und Verwundete. Die feindlichen Truppen stehen unter Schock und befinden sich im Chaos, dank des kühnen Widerstands unserer Soldaten«, konnte man dort lesen. Kein Wort von den tausend irakischen Soldaten, die die Amerikaner in der Wüstenschlacht um Najaf als gefallen gemeldet hatten. An diese werden sich, wie im Fall von Kadim, nur die nächsten Angehörigen und Freunde erinnern.

»Der Feind versuchte Najaf gestern von allen Seiten zu umzingeln«, sagte Sultan Hashim Ahmed, der Verteidigungsminister des Irak, gestern auf einer Pressekonferenz. »Aber seine Linien wurden durch unsere Angriffe aufgebrochen. Wegen großer Verluste zog sich der Feind zurück. Der Feind widerstand lange, aber schließlich zog er sich in die Wüste zurück.«

Der große breite Mann in grüner Uniform sitzt auf einem Podium, ein großes Porträt Saddam Husseins neben sich. Der Strom fällt aus, und die Pressekonferenz muss verlegt werden. Unverdrossen macht der Verteidigungsminister in einem Saal auf der anderen Straßenseite weiter. Während er über den Verlauf des Krieges spricht, können alle hören, dass dieser mit unverminderter Heftigkeit weitergeht. Das dumpfe Dröhnen von einschlagenden Bomben, ungewiss, wo. Der Verteidigungsminister will nicht zugeben, dass die Bomben den Verteidigungsring um Bagdad zerstört haben. »Sie wissen, dass wir Iraker die Wüste kennen. Obwohl die Schützengräben nur 60 Zentimeter tief und einen halben Meter breit sind, sind sie äußerst effektiv. Wenn eine Bombe zehn Meter entfernt von den Truppen einschlägt, überstehen die Soldaten den Angriff unverletzt«, sagt Sultan Hashim Ahmed und bezeichnet die Amerikaner dann als feige. »Sie bombardieren aus so großer Höhe, dass sie nicht genau treffen. Sie trauen sich nicht, Mann gegen Mann zu kämpfen. Der Feind hat die Möglichkeit zu gehen, wohin er will, aber wo soll er zum Schluss schon hin? Sie müssen diese Stadt angreifen, wenn sie siegen wollen, und dafür werden sie teuer bezahlen«, sagte er. Er schätzte, dass der Feind Bagdad in fünf bis zehn Tagen umringt haben könnte.

»Der Feind hat geglaubt, dass das hier ein Fünftagekrieg werden würde, ein Sechstagekrieg oder ein Siebentagekrieg. Ich wünschte mir, der Krieg wäre morgen vorüber und der Feind zöge sich zurück. Aber wenn er andauert, bedeutet das nur große Verluste für den Feind.«

Obwohl die Amerikaner versucht haben, die irakischen Fernsehsendungen zu unterbinden, wird immer noch gesendet. An diesem Morgen fiel der Sender für ein paar Stunden aus, dann wurde aber die Ausstrahlung fortgesetzt. Wahrscheinlich besitzen die Iraker mehrere mobile Fernsehsender, mit anderen Worten: die Amerikaner wissen nicht, woher gesendet wird. Diese Sendungen sind sehr wichtig, um den Verteidigungswillen der Bevölkerung aufzubauen und um an das Vaterlandsgefühl zu appellieren. Jeden Tag war der Präsident auf dem Bildschirm zu sehen und hat über harte Kämpfe und die Notwendigkeit des Zusammenhaltens gesprochen. Er hat ebenfalls jedem Iraker die Verantwortung dafür übertragen, das Land zu verteidigen. »Wartet nicht auf irgendein Kommando, ergreift selbst die Initiative, wenn ihr angegriffen werdet oder der Feind sich nähert«, sagte Saddam Hussein unlängst.

Wie um das zu unterstreichen waren die Zeitungen gestern voll von Geschichten über Leute, die eine Heldentat verübt hatten. Bauern, die auf Hubschrauber geschossen hatten, Parteimitglieder, die ganze Bataillone in Kämpfe verwickelten, und freiwillige Milizen, die Panzer angegriffen hatten. Jeder Iraker sollte am Ende das Gefühl haben, dass er etwas Entscheidendes beitragen kann. Die Propaganda funkioniert.

»Ich werde bis zum letzten Blutstropfen kämpfen, wenn die

Amerikaner kommen. Ich werde mich nie von ihnen beherrschen lassen«, sagt Uday, der in der öden Rashid-Straße Blöcke, Stifte und Schreibhefte verkauft. Udays Laden hat außer einer Bäckerei und einem Geschäft für Oliven und eingelegtes Gemüse als einziger geöffnet. Die Leute sind wütend über den gestrigen Angriff auf den Markt El Nasser in Bagdad.

»Sie haben gesagt, dass sie nur militärische Ziele angreifen würden. Seit wann sind schwangere Frauen und kleine Kinder militärische Ziele?«, fragt Uday. »Wenn sie hierher kommen, werden selbst kleine Kinder kämpfen. Wir werden es nie zulassen, dass die Amerikaner Bagdad einnehmen, die Wiege der Zivilisation. Sie greifen unsere Werte an, unser Land und unsere Ehre. Ist das nicht genug, um uns alle zu Märtyrern zu machen?«

»Kadim ist bereits ein Märtyrer«, sagte Ali über seinen toten Freund. »Ich werde vielleicht der Nächste sein, falls die Amerikaner hierher kommen.«

Massaker auf dem Markt

Gestern Nachmittag gegen halb sechs Uhr, als die Rakete einschlug, war der Markt voller Menschen. Sie tötete mindestens 55 Menschen, einschließlich 15 Kinder. Andere kämpfen in den Krankenhäusern von Bagdad noch immer um ihr Leben.

Bereits wenige Stunden nach dem Einschlag der Rakete standen die ersten Särge in der Moschee. Laute Klagerufe waren zu hören. Viele standen nach dem Raketeneinschlag, der zu dem Massaker geführt hatte, noch unter Schock.

»Sehen Sie nur, hier auf der Bordsteinkante saßen mehrere Kinder. Jetzt sind sie alle tot«, klagt ein Mann. Ein kleiner Schuh ist als Einziges von den Kindern übrig geblieben. Der Bürgersteig ist von Blut bedeckt. Die Hauswand dahinter ebenfalls. Glasscherben und Metallsplitter liegen überall verstreut. Mitten auf dem Platz tut sich ein Krater auf. Daneben steht ein ausgebranntes Auto.

»Wir hörten das durchdringende, pfeifende Geräusch der Rakete. Sie flog ganz niedrig über uns hinweg. Anschließend war die Luft voller Rauch, überall lagen Tote. Leichen ohne Köpfe, ohne Arme und ohne Beine. Es war furchtbar«, berichten zwei Freunde stockend. »Viele Verletzte lagen zwischen den Toten und wanden sich vor Schmerzen. Die Leute begannen sie wegzutragen. Überall war Blut, so viel Blut.«

Fast alle, die zu dieser späten Stunde nach dem Massaker vor der Moschee stehen, haben Verwandte unter den Toten und Verletzten. Einer erzählt von einem Cousin, ein anderer von einem Neffen und ein Dritter von einer Tante.

»Wo ist jetzt eure Demokratie? Wo ist eure Humanität?«, ruft ein älterer Mann. Er hat seinen Enkel verloren und weint.

In der Moschee drängen sich die Leute. Ein Mann rauft sich die Haare. Tränen laufen seine Wangen herunter. »Seht nur, was ihr angerichtet habt! Warum habt ihr das getan?«

Der Mann hebt den Deckel von einem Sarg. Darin liegt ein kleiner Junge, blutig. Er trägt eine Jeans und ein Hemd mit einem großen, blutigen Riss in der Brust. Der Mann bricht über dem Jungen im Sarg zusammen. Es ist sein Sohn. Er zieht die Schultern ein und schluchzt. Mit verdrehten Gliedern liegt der Junge in dem kleinen Sarg. Mehrere Männer stehen dabei, auch sie weinen still.

Ein Mann führt mich in den hinteren Teil der Moschee. Hier liegt die zehnjährige Fatima. Sie wird von drei Frauen gewaschen. Sie beweinen das kleine Mädchen. Fatima hat eine große Verletzung am Knie, im Bauchbereich und im Rücken. Das Gesicht ist, abgesehen von einer Schürfwunde an der Nase, unverletzt. Sie hat große, braune Augen und langes, dunkles Haar.

Die drei Frauen waschen sie, legen sie dann in eine durchsichtige Plastikfolie und hüllen sie anschließend in ein weißes Tuch, in das sie für Augen und Mund Löcher schneiden. Sie schlagen sie noch in ein weiteres Tuch ein, das sie an beiden Enden zuknoten. Jetzt erst legen sie sie in den Sarg.

Neben ihnen auf dem Fußboden steht bereits ein Sarg. Darin liegt Fatimas Mutter Hasima. Eine der Frauen erzählt die Geschichte: »Sie waren auf dem Weg zum Markt und kamen unmittelbar dort vorbei, wo die Rakete einschlug. Hasima hatte elf Kinder, jetzt sind zehn von ihnen Halbwaisen.« Zwei ihrer Söhne stehen hinter der Trennwand und weinen.

»Ich habe gehört, dass die Amerikaner gesagt haben, dass sie keine Zivilisten töten werden. Das hier ist kriminell. Sehen Sie nur hier in der Moschee. Sie ist voller Tote«, sagt ein Mann. »Ich habe immer zu allen gesagt, dass sie schon keine Zivilisten erschießen würden, aber ich habe mich geirrt. Könnt ihr nicht Bush und Blair bitten, keine Zivilisten mehr zu töten?

Außerdem müssen sie ihren Piloten sagen, dass sie keine Bomben mehr über Wohnviertel abwerfen.«

Im Krankenhaus al-Nour in der Nähe des Marktes hatte man gestern 55 Tote und 47 Verletzte registriert, verkündet der Arzt Osama Sakhari. »Bei vielen der Verletzten ist der Zustand kritisch. Ich weiß nicht, ob sie die Nacht überleben«, sagt er seufzend.

In den Betten liegen Kinder und Erwachsene durcheinander. Viele haben die Splitter der Rakete an mehreren Stellen im Körper. »Die Rakete haben die Briten und Amerikaner abgeschossen«, sagte der Arzt. »Sie haben gesagt, dass sie keine Zivilisten töten würden. Schauen Sie sich jetzt das an«, sagt er und ist offensichtlich erschüttert, nachdem er mehrere der Opfer operiert hat. An den Krankenbetten und in den Korridoren stehen die Verwandten. Viele sitzen auch auf der Bettkante und trauern um Verletzte, die noch bewusstlos sind.

Ein Junge steht allein neben einem Bett. In diesem liegt sein Bruder mit Splittern im gesamten Bauchbereich. Er ist vollkommen gelb im Gesicht und redet im Delirium. Sein großer Bruder weint. »Er muss am Leben bleiben, er muss am Leben bleiben. Wir standen alle vor unserem Haus, Hussein, Jamil und ich. Hussein liegt nun hier und Jamil ist tot.« Er schluchzt.

Jamil wurde nur sechs Jahre alt.

Bush hat mein Leben zerstört!

Über dem Markt El Nasser in Bagdad lag gestern auch weiterhin Entsetzen und Trauer. Im Laufe der Nacht waren weitere durch die am Vorabend eingeschlagene Rakete Verletzte gestorben. Gestern Nachmittag war die Zahl der Toten auf 62 angestiegen. Es ist jedoch immer noch ungewiss, was genau den Markt eigentlich getroffen hat.

»Meine Söhne! Meine Söhne!«

Shamsiya sitzt auf der Erde und schlägt sich mit den Fäusten auf die Brust. Neben ihr sitzen ihre Mutter, ihre Schwestern, Tanten, Nichten und Nachbarn. Schwarz gekleidete Frauen kommen und gehen. Sie sprechen nicht miteinander, sondern lauschen schweigend Shamsiyas Klagelied. Manchmal stimmen sie mit ein, klatschen mit den Händen den Takt und werden wieder ruhig. Oft weinen sie. Die Aufmerksamkeit ist auf Shamsiya gerichtet. Mitgefühl und Trauer durchdringen alles.

Sie hat drei Söhne verloren. Splitter der Rakete, die auf dem Markt einschlug, schossen auf ihren Hof, zerschmetterten die Tür und pfiffen durch die Fenster. Der jüngste Sohn starb sofort an einem Splitter im Herz, seine beiden älteren Brüder starben noch in der folgenden Nacht im Krankenhaus.

»Ich hatte sie gebeten, zu Hause zu bleiben, weil in der Nähe so viele Bomben eingeschlagen waren«, sagt Shamsiya, immer wieder von Schluchzern unterbrochen. »Und jetzt das! Der Hof ist voller Splitter. Sie sind zu Hause gestorben«, ruft Shamsiya und deutet durch die Lattentür auf den Hof. Oft unterbricht sie ihre Erzählung mit einem »Meine Söhne! Meine Söhne!«.

»Das ganze Haus bebte, die Fenster barsten, und ich hörte Schreie. Ich lief nach draußen, und da lagen sie, jeder in einer Blutlache. Ich konnte mich nicht mehr bewegen. Ich musste sie die ganze Zeit anschauen. Als wäre ich mit ihnen in den Tod gegangen, aber dann kam ich wieder zurück.« Die Mutter weint. Sie zieht ein Foto hervor, das sie unter den Kleidern auf der Brust trägt. Es zeigt ihre fünf Söhne. Jetzt sind nur noch zwei von ihnen am Leben.

»Seht doch, wie schön sie sind«, schluchzt sie. »Hussein wurde an der Stirn getroffen, Muhammed ins Herz und Ali in die Brust. Muhammed wurde nur zwölf, er wurde im Krieg geboren und ist im Krieg gestorben. Die Nacht seiner Geburt war eine der schlimmsten Bombennächte des Golfkrieges«, erinnert sich seine Mutter.

»Sie waren so jung. Sie waren alle noch auf der Schule. Ich habe sie gestillt, sie gewaschen, sie angezogen, ihnen das Sprechen beigebracht und sie in die Schule geschickt. Was soll ich jetzt nur tun? Bush hat mein Leben zerstört. Wieso bringt er unsere Familien um? Wieso?«

Die Klagen werden lauter, und alle Frauen stimmen ein. Die lauten Rufe dringen auf die Straße, durch das zersplitterte Tor zum Hof und mischen sich mit dem Rauschen der leisen Stimmen auf dem Markt.

In dem Zimmer auf der anderen Seite des Hofs sitzt der Vater von Muhammed, Ali und Hussein, Ghalil Jassim al Hamdani. Der ältere Mann weint. Innerhalb eines Augenblicks hat er drei Söhne verloren. Im Schneidersitz sitzt er an einer der Längswände. Dort saß er ebenfalls, als die Rakete einschlug. »Wenn meine Söhne doch nur zusammen mit mir in diesem Zimmer gewesen wären. Dann wären sie jetzt noch am Leben. Wie soll ich nur weiterleben, jetzt, wo meine Söhne tot sind. Wenn die Rakete doch nur mich getroffen hätte«, klagt er.

Ein Mann kommt ins Zimmer. Er hat gerötete Augen.

»Jovid ist tot«, sagt er leise. Jovid ist der Nachbarsjunge, einer von Muhammeds Freunden. Er befand sich auf der Straße, als die Rakete einschlug, und wurde von den tödlichen Splittern im Bauch getroffen. Er wurde ins Krankenhaus gebracht und starb dort in der Nacht. Sein Onkel überbringt die Trauerbotschaft. Ghalil nickt stumm, nimmt die Hand von Jovids Onkel und spricht ein Gebet.

Auf dem Hof steht der zwölfjährige Muhammed zusammen mit seinem großen Bruder. Nicht der Muhammed, der von der Rakete getötet wurde, sondern sein bester Freund und Namensvetter. Er war sofort herbeigeeilt, als er hörte, dass die Splitter bei seinem besten Freund eingeschlagen waren.

»Als ich kam, sah ich Muhammed dort liegen«, sagt der Junge mit leerem Blick. »Ich rannte sofort wieder nach Hause und kam mit meinen Eltern zurück. Er war der Beste auf dem Fußballplatz und der Schnellste mit dem Fahrrad. Ich habe die ganze Nacht nicht geschlafen«, sagt Muhammed, »ich muss die ganze Zeit an ihn denken.«

Draußen auf der Straße werden im Schritttempo Särge vorbeigefahren. Sie sind auf den Dächern von Autos festgebunden und durchqueren in langsamer Prozession den Markt. Nach dem Angriff am Vortag wurden die Verletzten zum nächsten Krankenhaus gebracht. Die Toten kamen direkt in die Moschee, damit man sie dort waschen und für sie beten konnte. Anschließend wurden die Särge zu einer letzten Nacht unter dem eigenem Dach in die Häuser gebracht, um dann an diesem Morgen begraben zu werden.

Leute gehen auf dem Markt herum, um die Schäden in Augenschein zu nehmen, den Krater, den die Rakete hinterlassen hat, die ausgebrannten Autos, die verdrehten Eisenstangen der Stände und die zerfetzten Plastikplanen. An mehreren Stellen liegen Splitter und Stücke der Rakete. Bei der Explosion waren die Splitter glühendheiß und bohrten sich mühelos in jeden Körper. Jetzt liegen die, die niemanden getroffen haben, erstarrt und kalt auf der Erde.

»Allah will, dass wir vergessen, dass wir verzeihen«, sagt ein Mann, der seinen Freund auf dem letzten Weg begleitet. »Die Amerikaner haben gesagt, dass sie nur militärische Ziele angreifen würden. Warum töten sie jetzt Zivilisten?«

Diese Frage wurde gestern auf dem Markt von vielen gestellt. Aber niemand weiß eigentlich wirklich, was auf dem Markt explodierte. Laut westlichen Augenzeugen ist es genauso wahrscheinlich, dass eine irakische Luftabwehrrakete dort einschlug. Wenn diese Raketen nicht in der Luft explodieren, fallen sie wieder auf die Erde herab und explodieren dort.

Mehrere Leute, die sich vor dem Aufschlag der Rakete auf dem Markt befanden, wissen zu berichten, dass sie unmittelbar vorher ein Flugzeug gesehen hätten. Sie sagen, dass das Flugzeug die Rakete abgefeuert hätte, aber genauso gut könnten die Iraker versucht haben, die Maschine mit einer Luftabwehrrakete zu treffen. Als die ersten Journalisten am Abend des Angriffes auf den Markt kamen, hatte die irakische Polizei bereits alle größeren Trümmer der Rakete weggeschafft, so dass nicht mehr zu sehen war, um welches Fabrikat es sich handelte. Der Krater hatte einen Durchmesser von nur einem Meter und ist damit zu klein für die Bomben, die die Amerikaner bisher eingesetzt haben.

Wahrscheinlich werden sich Amerikaner und Iraker über diese Fragen streiten, aber fest steht: Muhammed hat seinen besten Freund verloren, und Shamsiya und Ghalil betrauern einen Zwölfjährigen, einen 14-jährigen und einen 18-jährigen.

MONTAG, 31. MÄRZ 2003

Ali, der Held

Selbstmordattentäter sollen jetzt fester Bestandteil der irakischen Armee werden. Das bestätigt gestern die Militärführung in Bagdad. Iraks erste Selbstmordattentäter wurden als Helden verehrt und bekamen von Saddam Hussein einen hohen militärischen Orden – post mortem.

»Wie mutig er ist«, sagt Isra bewundernd. Sie sitzt auf einer Bank und wartet auf einen der roten Doppeldeckerbusse, die trotz des Krieges fahrplanmäßig verkehren. Der Mutige heißt Ali Ghaffar al Nawani, aber er läuft jetzt nur noch unter dem Namen »Märtyrer Ali«. »Das kann ihm nicht leicht gefallen sein, aber jetzt hat man ihn im Paradies dafür belohnt«, versichert sie strahlend. Die Aufnahme ins Paradies wiegt den Verlust des Lebens offenbar durchaus auf. »Er ist sogar ganz oben, weißt du, im Paradies gibt es sieben Ebenen. Er kommt zum *al firdus*, der obersten Ebene. Dort sind nur der Prophet Mohammed, Ali und andere heilige Männer«, erklärt Isra.

Wie die meisten Leute gestern auf der Straße in Bagdad gab die Studentin der Pharmazie Isra ihrer Faszination für den Märtyrer Ali Ausdruck, dem ersten Selbstmordattentäter des Irak. »Sie haben ihn im Fernsehen gezeigt. Er war so jung und gut aussehend«, sagt sie und seufzt.

Das Zentralorgan der Baath-Partei, die Zeitung *Al Thawra* hat den größten Teil der ersten Seite dem Märtyrer Ali gewidmet. »Präsident Saddam Hussein huldigt dem Märtyrer«, lautete die Schlagzeile. »Der Präsident bittet Allah, die Tore des Paradieses für Ali zu öffnen«, hieß es in dem Artikel. Außerdem zeichnete Saddam Hussein den Märtyrer mit zwei Orden aus – post mortem.

Der Märtyrer Ali war Unteroffizier der Armee. Eines Tages erzählte er seinem Vorgesetzten, er sei bereit, sein Leben bei einem Selbstmordanschlag zu opfern. Die Methode und den Ort wolle er selbst wählen. Vergangenen Donnerstag sprengte er sein Fahrzeug vor einer amerikanischen Straßensperre bei Najaf. Laut den Amerikanern wurden vier Soldaten getötet. Die Iraker behaupten, die Zahl sei größer: Elf Tote und etwa zehn Verletzte. Zudem seien zwei Panzer und zwei gepanzerte Fahrzeuge zerstört worden.

»Dieser geliebte, unsterbliche Märtyrer ist der erste hier in Mesopotamien. Ali ist einer der größten Helden unserer Streitkräfte. Er wollte den Aggressoren eine Lektion erteilen, indem er seinen palästinensischen Brüdern folgte und seinen Körper in eine alles zerstörende Bombe verwandelte. Jetzt ist seine heilige Seele bei Allah«, stand im Leitartikel von *Al Thawra*.

Die Baath-Partei hat die Hinrichtung von Zehntausenden von Moslems zu verantworten, von denen sie glaubte, sie seien extrem oder fundamentalistisch. Seit die Partei in den sechziger Jahren an die Macht kam, hat sie islamistische Organisationen verfolgt. In den ersten Jahren an der Macht bestand Saddam Hussein darauf, der Irak sei eine säkuläre Gesellschaft. In letzter Zeit hat Saddam Hussein seine Strategie jedoch geändert, weil er glaubt, dass die Religion ihm helfen könnte. Jetzt appelliert er an die fundamentalistischeren Kräfte im Irak, um sich ihrer Unterstützung im Kampf gegen die Amerikaner und Briten zu versichern.

Gestern verhängte einer der religiösen Führer des Irak, Scheich Abdel Karim al Mudarress, einen *Fatwa*, die die Iraker dazu auffordert, sich an dem Dschihad gegen die ungläubigen Besatzer zu beteiligen.

Der Vizepräsident Taha Yassim Ramadan, der zum engsten Kreis um Saddam Hussein gehört, hat die Amerikaner und Briten ebenfalls gewarnt, dass gegen ihre Truppen im Irak alle Mittel eingesetzt würden. In einem Kommentar zum Märtyrer Ali meint er, das sei erst der Anfang.

»Ihr werdet in den kommenden Tagen noch viele gute Nachrichten hören«, sagt er zu Journalisten. Er ist über das überlegene Waffenarsenal der Amerikaner wütend und entrüstet. »Die kommen mit ihren B-52, die eine Menge Menschen töten können, aber was glaubt ihr? Dass die Araber warten, bis sie ähnliche Bomben herstellen können? Nein, dazu haben wir nicht die Zeit, deswegen verwandeln sich jetzt alle Araber in Bomben. Wenn die Bombe einer B-52 über fünfhundert Menschen töten kann, dann werden die Aktionen unserer Vorkämpfer der Freiheit fünftausend zur Strecke bringen.«

Falls sich der Krieg in die Länge ziehen und es mehr Opfer unter der Zivilbevölkerung geben sollte, wird der Widerstand gegen den Krieg der Briten und Amerikaner im Irak zunehmen. Nur wenig deutet darauf hin, dass es zu einem inneren Aufstand gegen das Regime kommen wird. Der Selbstmordanschlag wurde von einem Schiiten in einer Region ausgeführt, die von Schiiten dominiert wird und in der sich die Bevölkerung brutalen Übergriffen des Regimes ausgesetzt gesehen hat. Dieser Teil der Bevölkerung des Irak gilt traditionell als dem Regime Saddam Husseins am feindlichsten gesinnt. Aber hier verlässt man sich auch nicht auf die Amerikaner. Schießlich wurde man 1991 im Stich gelassen, als man während des Golfkrieges und nach Zusicherungen von Hilfe von Seiten der Amerikaner gegen Saddam Hussein revoltierte. Die Hilfe blieb aus, und das Regime schlug den Aufruhr brutal nieder. Mehrere tausend Schiiten wurden bei einer Strafaktion brutal hingerichtet.

Mehrere tausend arabische Krieger, so genannte Mudschaheddin, sind bereits in den Irak gekommen. Laut den irakischen Behörden soll es sich um viertausend Mann aus der gesamten arabischen Welt handeln. Mehrere palästinensische Organisationen haben versprochen, »Wellen von Selbstmordattentätern« nach Bagdad zu schicken. Die Al-Quds-Brigade befinde sich bereits im Herzen von Bagdad, meldete die Organisation Dschihad.

»Sie haben sogar gesagt, dass sie nach ihrem Märtyrertod nicht in ihre Heimat zurückgeschickt, sondern in heiliger irakischer Erde begraben werden wollen. Sie suchen das Paradies, und der Weg dorthin führt durch den Irak«, sagte der Sprecher des Heeres, Hazi al-Rawi, gestern auf einer Pressekonferenz.

Der uniformierte Sprecher bekam beinahe gute Laune, als die Pressekonferenz sich in die Länge zog, während B-52-Bomber die Front mit einem Bombenteppich überzogen.

»Wir sind Moslems, wir sind Gläubige. Der Dschihad ist eine Pflicht und von Gott befohlen. Er ist unsere Antwort auf die Aggressoren – und nur der Dschihad kann uns noch Freude schenken. Die Ungläubigen müssen aus dem Irak verschwinden!«

DIENSTAG, 1. APRIL 2003

Picknick mit Papa

Die Bombenangriffe in der Nacht auf gestern waren mit die schlimmsten, seit der Krieg vor zwölf Tagen begann. Aber in den Morgenstunden hatte es dann den Anschein, als würde sich die allgemeine Angst legen, und mehr Menschen als je zuvor bevölkerten die Straßen von Bagdad. Einige, um ihre Vorräte zu ergänzen, andere, um die Treffer der Nacht in Augenschein zu nehmen.

Letzte Woche war deutlich zu sehen, wie heruntergekommen und schmutzig Bagdad ist: Türen hängen schief, Fenster sind zerbrochen, Treppen ausgetreten, und Gehsteige haben Löcher. Bagdad ist aber nicht etwa erst in diesen zwölf Tagen so auf den Hund gekommen, es bot sich nur eine bessere Sicht auf alles. Die bunten Straßenhändler waren verschwunden, die vielen herumrennenden Kinder ebenfalls, und weder flatternde Hemden noch lange Gewänder bedeckten die grauen Fassaden. Nur wenige Menschen eilten in dieser düsteren Stadt in ihre Stammcafés oder erledigten rasch ein paar Einkäufe.

Aber gestern hatte es den Anschein, als würde Bagdad wieder zu sich zurückfinden, als habe die Stadt ausgeschlafen und sei wieder zum Leben erwacht und das, obwohl die Bomben die ganze Nacht lang bis in den frühen Morgen gedröhnt hatten. Die Leute haben sich an das Wüten des Krieges und an die Bomben gewöhnt.

»Heute hatte ich es einfach im Gefühl, dass es an der Zeit ist, aufzumachen«, sagt Maithem Hashim. Er steht hinter vollen Körben mit getrockneten Aprikosen, Pistazien, Mandeln und einer Menge Gewürze in Tüten. »Vor zwei Wochen habe ich alle Waren mit nach Hause genommen. Aber jetzt habe ich das meiste wieder zurückgebracht«, sagt er. »Ich habe jetzt zwei Wochen lang zu Hause gesessen. Das ist noch nie passiert. Die Kinder sind überglücklich und glauben, dass es jetzt jeden Tag ein Picknick mit Papa gibt.« Maithem lacht, wird aber rasch wieder ernst. »Das ist tagsüber und kann ihre Angst in der Nacht nicht aufwiegen. Wenn die kräftigen Explosionen das Haus erzittern lassen, weinen sie.«

Die meisten Stände in der Nachbarschaft von Maithem und seinem Freund Ali sind immer noch leer. Neun von zehn Ständen auf dem Markt in Bagdad sind geschlossen. »Ich glaube, die meisten werden im Lauf der nächsten Tage wieder öffnen. Viele der anderen Standbesitzer kamen heute nachschauen. Und als sie uns gesehen haben, wollten sie auch nicht zurückstehen«, sagt Maithem. »Heute haben wir den Markt jedoch für uns«, meint er gut gelaunt und wiegt Erdnüsse in einer Tüte ab.

»Ich glaube nicht, dass es hier auf dem Markt gefährlicher ist, als zu Hause zu sein. Außerdem muss ich Geld verdienen. Ich kann nicht einfach wochenlang nichts einnehmen, vor allem jetzt, seit ich vier Kinder habe. Mein Jüngster ist gerade mal vier Monate alt«, erzählt der Gewürzverkäufer. »Er ist der Einzige zu Hause, der nicht begreift, was passiert.« Maithem seufzt. Er weiß nicht, wie lange er geöffnet haben wird. »Ich habe noch einiges an Ware auf Lager, aber ich weiß nicht, wie lange das reicht. Wir bekamen sonst immer Nachschub aus Mosul, aber jetzt funktionieren dort die Telefone nicht mehr, und ich weiß auch nicht, ob die Straße sicher ist. Wenn ich keine neue Ware bekomme, muss ich doch bald wieder schließen.«

Noch hat es nicht den Anschein, als gebe es Probleme mit den Lieferungen. Der Obst- und Gemüsemarkt quillt fast über. Aber die Preise sind gestiegen. Orangen kosten fast das Dreifache, dasselbe gilt für Bananen, Tomaten und andere Frischwaren.

»Wer nicht arbeitet, hat nichts zu essen«, meint der Teeverkäufer Haidar gut gelaunt. Um ihn herum stehen mehrere Männer. Haidar gießt starken, arabischen Tee in kleine Gläser. »Was sollen wir machen? Wir können nur versuchen, zu leben, so gut es geht.«

An einem Gebäude direkt am Markt haben sich Leute versammelt. Sie betrachten das Ergebnis des nächtlichen Bombenangriffs. Eine von Bagdads Telefonzentralen hat Totalschaden erlitten. Das Dach ist weg, und nur ein paar Mauern stehen noch. Kabel hängen abgerissen in der Luft. Betonbrocken und kaputte Möbel liegen überall herum.

»Ist es etwa das, was die Amerikaner sich unter der Einführung der Demokratie vorstellen?«, fragt ein älterer, gut gekleideter Herr. »Sie sind Monster. Wir Iraker werden es niemals hinnehmen, dass uns jemand besetzt.«

»Nach der Zerstörung dieser Zentrale funktioniert im ganzen Stadtteil kein Telefon mehr. Das betrifft 25 000 Familien. Was für ein Krieg soll das sein? Den Leuten die Möglichkeit zu nehmen, miteinander zu kommunizieren?«, fragt ein Mann, der dort arbeitet. Er hielt in einem Nachbargebäude Wache, aber auch er konnte nichts machen, als es einen direkten Treffer gab.

»Ein kleiner Junge ist von der Bombe getötet worden. Er wohnte in einer Wohnung direkt nebenan. Ich habe ihn selbst ins Krankenhaus gebracht. Das Blut lief ihm aus der Nase und aus dem Mund. Er ist an den inneren Verletzungen gestorben, die der enorme Luftdruck verursacht hatte. Er wurde nur fünf Jahre alt«, sagt der Arbeiter der Telefongesellschaft. Die Leute stehen um ihn herum und hören sich die Geschichte an. Von ihren Gesichtern ist Mitgefühl und Angst abzulesen. Resigniert betrachten sie die Telefonzentrale.

»Raketen, Raketen«, ruft ein Junge. Alle schauen in den Himmel und beginnen dann zu rennen. Sie entfernen sich von der Telefonzentrale, weil sie dort nicht sicher sind. Vielleicht gibt es einen neuen Angriff. Das Flugzeug entfernt sich, und das Geräusch der Raketen, die es abgefeuert hat, gellt in den Ohren. Aber die Raketen galten einem anderen Ziel. Weitere Gebäude werden zerstört, irgendwo anders.

Während sich die Leute auf der Straße langsam an die Kriegssituation gewöhnen, setzen die irakischen Behörden ihren Krieg sowohl in Worten als auch in Taten gegen die britischen und amerikanischen Koalitionstruppen fort.

»Sie müssen sich ergeben oder sie gehen in einen sicheren Tod«, drohte Außenminister Naji Sabri gestern auf einer Pressekonferenz. »Sie werden in die Fallen gehen, die sie selbst gestellt haben. Die gesamte Wüste des Irak wird zu einem Friedhof für die Besatzer werden«, sagte er. »Der Sieg ist nahe«, versprach er dann, »für die Sache der Gerechten, die des Irak.«

Der Informationsminister machte dort weiter, wo der Außenminister aufgehört hatte. Er wurde konkreter: »In den letzten 24 Stunden haben wir 13 Panzer zerstört, acht andere Armeefahrzeuge, vier Hubschrauber, zwei unbemannte Flugzeuge und ein Kommandofahrzeug. Wir haben große Mengen militärischen Nachschubs konfisziert und 43 feindliche Soldaten getötet«, sagte er und nannte die Soldaten der Koalitionstruppen Mörder, Saboteure, Rassisten und Besatzer. »Sie hatten nichts anderes als den Tod verdient«, meinte er abschließend.

Keiner kümmert sich mehr sonderlich um die Drohungen der Behörden. Der Krieg ist zu etwas geworden, womit sich die Leute in Bagdad gezwungenermaßen abfinden. Aber mit einem können sie sich nicht abfinden: mit den Opfern, die jeden Tag und jede Nacht der Statistik des Todes hinzugefügt werden.

MITTWOCH, 2. APRIL 2003

Heilige Krieger in den Kampf

Die heiligen Krieger im Irak werden immer zahlreicher. Einige haben gute Jobs in Westeuropa gekündigt, andere sämtliche Habseligkeiten verkauft. Der Krieg der Amerikaner hat in vielen Teilen der arabischen Welt die Gemüter in Wallung gebracht.

Die Iraker behaupten, es handle sich um sechstausend Männer, die sich dafür entschieden haben, in den Irak zu kommen, um gegen die Ungläubigen und ihre Besatzung des heiligen Landes, der Wiege der Zivilisation – des Irak eben – zu kämpfen. Die Hälfte dieser Dschihadisten hat laut den irakischen Behörden einen Märtyrerschwur abgelegt. Sie sind im Irak, um ihr Leben zu opfern, entweder im Kampf oder bei Selbstmordattentaten.

Den Kriegern ist im Irak große Aufmerksamkeit entgegengebracht worden. Jeden Tag werden im Fernsehen lange Interviews mit den Mudschaheddin aus der gesamten arabischen Welt geführt. Die aufmarschierten Männer erzählen den Zuschauern, die Kalaschnikow im Anschlag, dass sie für ihre Sache kämpfen und sie von den Besatzern befreien werden. »Ich war Ingenieur in Hamburg und hatte eine gute Arbeit. Aber eines Tages, als ich aufwachte, wurde mir klar, dass ich dort nicht weiterleben konnte. Ich ließ mich zum Kampf für die Iraker anwerben«, sagt einer. Zwei Brüder haben ihren Friseursalon in Oran in Marokko verkauft, um sich die Fahrkarten in den Irak leisten zu können, alles laut irakischem Fernsehen. »Wenn ein Araber in Gefahr ist, müssen wir zu Hilfe eilen«, meinten sie. »Wir sind gekommen, um unseren Brüdern im Irak zu helfen.«

Die irakischen Behörden begnügen sich nicht damit, ihrer eigenen Bevölkerung von dieser Unterstützung zu berichten, sie wollen diese Krieger auch gerne den westlichen Medien präsentieren. Heute in den frühen Morgenstunden kamen etwa dreißig Soldaten aus dem Jemen in das Foyer des Hotels »Palestine« gelaufen, in dem die meisten Journalisten in Bagdad wohnen. Erst tanzten sie draußen auf dem Parkplatz herum und riefen Parolen für Saddam Hussein, ehe sie, immer noch tanzend, in die Rezeption kamen und mit ihren Kalaschnikows herumfuchtelten. Der Auftritt wurde von einem der Beamten aus dem Informationsministerium geleitet, selbstverständlich in dunklem Anzug. Er ließ sie eine Weile weitermachen und kommandierte sie dann in einen Konferenzraum, in dem er eine improvisierte Pressekonferenz abhielt. Eine Hand voll Journalisten, die zufällig in der Nähe waren, trotteten mit ihren Notizblöcken hinter ihm her.

»Wir kommen aus Saana im Jemen und sind hier, um Seite an Seite mit unseren irakischen Brüdern zu kämpfen. Gemeinsam werden wir den Feind der Menschheit, die USA, schlagen!«, rief der Anführer der Gruppe.

»Greift an! Bekämpft sie! Tötet sie!«, rief ein anderer.

»Wir werden sie von allen Seiten angreifen, sie werden nicht einmal die Chance haben, Atem zu holen«, stimmte ein weiterer ein. Er behauptete, aus dem Jemen seien mehrere hundert Soldaten gekommen, darunter etwa fünfzig Frauen.

»Es ist höchste Zeit, dass wir in der ganzen Welt in den Dschihad ziehen, wir werden die Christen und die Zionisten bekämpfen«, meinte der Anführer abschließend und sagte dann, sie müssten die Versammlung beenden, da es jetzt an die Front gehe. Im Gleichschritt verließ die Gruppe das Hotel und stieg in einen Bus.

Im Bus saß der 30-jährige Sala Radman in der ersten Reihe. Er sagte, er sei vor einer Woche in den Irak gekommen und würde sich jetzt den irakischen Truppen in der Verteidigung

Bagdads anschließen. »Die in der USA glauben, dass sie auf der ganzen Welt das Sagen haben. Bush ist ein Terrorist«, meinte er. »Dem ist doch sein kleiner Hund wichtiger als die ganze übrige Welt. Er ist ein Agent Israels und will die ganze arabische Welt kontrollieren. Dieses Mal wird er erleben, dass wir stärker sind, denn Allah ist auf unserer Seite«, konnte er noch sagen, ehe die Bustür zuknallte, und der Bus vom Parkplatz herunterfuhr, in Richtung der südlichen Wüste.

In der Zeitung *Al Thawra* stand gestern auf der ersten Seite ein langer Artikel über die ersten Märtyrer aus dem Ausland. Er handelte von zwei Syrern, Iyad und Fadi, die beide bei den Kämpfen bei Kerbala das Leben verloren hatten. Es sei ihnen gelungen, viele Ungläubige zu töten, schrieb die Zeitung, ehe sie selbst zu Märtyrern geworden seien. »Unsere Märtyrer sind im Paradies, während die von ihnen Getöteten sich in der Hölle befinden«, schrieb die Zeitung weiter. Zu Ehren der beiden Märtyrer sei ein 24-stündiger Angriff auf die Stellungen des Feindes eingeleitet worden. Bei diesem Angriff seien 23 Soldaten des Feindes getötet und 35 Panzer, sechs gepanzerte Fahrzeuge und ein Hubschrauber zerstört worden. »Die Mütter und Frauen der Feinde werden Blut weinen, keine Tränen, wenn diese von den Dschihadisten getötet werden«, hieß es in der Zeitung.

Der irakische Informationsminister Muhammed Said al Sahaf sagte gestern auf einer Pressekonferenz, er rechne damit, dass die Krieger zu Zehntausenden in den Irak kommen würden.

Im Laufe der letzten Wochen sind mehrere Busse voll mit Kriegern eingetroffen. Bis vor kurzem haben sie die Grenze noch problemlos überschreiten können, und einige von ihnen waren beim irakischen Heer in Trainingslagern. Inzwischen kontrollieren die Amerikaner sowohl die Straße von Amman in Jordanien als auch von Damaskus in Syrien, und etliche von diesen Kriegern sind festgenommen worden. Leute, die von Amman nach Bagdad gereist sind, erzählen von festgenommenen Männern am Straßenrand, die Arme auf dem Rücken gefesselt und streng von den Amerikanern bewacht. »Sie kommen immer noch über die Grenze«, meint einer der Lastwagenfahrer, der jeden Tag zwischen Amman und Bagdad hin- und herfährt. »Aber jetzt, wo sie die Straßen nicht mehr benutzen können, fahren sie durch die Wüste und direkt zu den Stellungen, die sie halten sollen.«

Die Mudschaheddin unterscheiden sich von den normalen irakischen Soldaten. Diese haben kurz geschnittenes Haar, tragen keinen Bart und haben einfache Uniformen. Die Krieger haben meist eine zerzauste Mähne, lange Halstücher und Vollbart. Paradoxerweise hat Saddam Hussein nach seiner Machtergreifung islamistische und fundamentalistische Gruppierungen im Irak brutal verfolgen lassen. Er war der Meinung, dass sie seiner Macht gefährlich werden könnten. Außerdem hielt er sie dem Regime gegenüber, das eines der weltlichsten der arabischen Welt war, für nicht loyal. Die Christen des Landes haben von der Glaubensfreiheit profitiert und sogar einflussreiche Stellungen bekleidet. Der Krieger aus Jemen sagte im Konferenzraum, er wolle Christen und Zionisten angreifen. Die meisten Iraker werden wohl nichts gegen den Angriff auf die Zionisten haben, aber nicht mit einem auf die Christen einverstanden sein, da diese in den letzten Jahrzehnten friedlich mit ihren mohammedanischen Nachbarn zusammengelebt haben. Die islamistischen Gruppen hingegen mussten sich in die Nachbarländer flüchten, um der Verfolgung durch Saddam Husseins Regime zu entgehen. Jetzt werden sie als Helden und Befreier willkommen geheißen.

»Sehen Sie nur, was Bush angerichtet hat«, sagt ein irakischer Intellektueller. Er ist ein vehementer Gegner sowohl des irakischen Regimes als auch der amerikanischen Invasion. »Er hat uns jetzt hunderte von Osama bin Ladens geschickt. Wenn die Behörden bisher nichts mit Al-Qaida zu tun hatten, dann haben sie es jetzt«, meint er seufzend.

Wie ein Puzzle

Während die Koalitionstruppen auf Bagdad vorrücken, bietet sich den Einwohnern nur eine frustrierende Mischung aus Angst, Abwarten und Gerüchten. Sie versuchen, sich mit einer Unmenge von Informationskanälen à jour zu halten, aber die Meldungen sind widersprüchlich.

Einer hat etwas von seinem Cousin gehört, der auf dem Landweg aus Damaskus gekommen ist. Ein anderer hat von einem Verwandten in Mossul Nachricht erhalten, ein Dritter hat die arabischen Sendungen der BBC gehört, ein Vierter hat stundenlang vor dem irakischen Staatsfernsehen gesessen, ein Fünfter kriegt das iranische Radio rein und ein Sechster verlässt sich auf die »Voice of America«. Beim Siebten geht dann im Kopf alles durcheinander, denn er versucht eine Entscheidung zu treffen, wem er glauben soll.

Herauszufinden, was sich im Irakkrieg wirklich ereignet, ist in etwa so, wie ein Puzzle zu legen, dessen Teile aus verschiedenen Schachteln kommen und bei dem zudem noch etliche Teile fehlen.

Der Automechaniker Isam hat sich entschieden, was er glauben will. »Ich kann nie im Leben glauben, dass sie nur noch 20 oder 30 Kilometer von Bagdad entfernt sind. Das ist nur Propaganda. Sie haben nicht einmal eines unserer kleinen Dörfer erobert. Sie irren einfach nur in der Wüste herum. Und wenn es ihnen gerade einfällt, ballern sie etwas herum«, sagt er. Isam hat sowohl irakische als auch ausländische Sender gehört, aber er weiß, wem er glaubt: Am meisten Verlass ist auf die irakischen Staatsmedien. Für viele Iraker ist das am sichersten. Obwohl sie wissen, dass sie sich nicht immer auf den zensierten Staatskanal verlassen können, gibt dieser ihnen ein winziges Stück Sicherheit im Alltag und das Gefühl, dass es den Amerikanern nicht gelingen wird, Bagdad einzunehmen.

Nicht alle haben es sich so einfach gemacht wie Isam, sondern sie nutzen verschiedene Quellen.

»Ich habe gehört, die Amerikaner haben Kerbela eingeschlossen«, sagt Reem. »Aber ich weiß nicht, ob das wahr ist. Ich glaube nicht, dass sie nach Basra eingerückt sind«, meint der 20-jährige.

»Die irakischen Truppen haben sie verwirrt, und deswegen müssen sie sich auch durch die Wüste zurückziehen«, äußert seine um ein Jahr ältere Schwester Huda.

Hanan, die Mutter der beiden, weiß nicht, was sie glauben soll. »Das Letzte, was ich bei der BBC gehört habe, war, dass sie die rote Linie überschritten hätten, aber was ist eigentlich die rote Linie?«, will sie wissen.

»Ich glaube, sie verläuft 30 Kilometer vor Bagdad«, antwortet ihre Tochter. »Aber der Irak hat die Amerikaner davor gewarnt, die rote Linie zu überschreiten. Sie wollen ihnen eine Lektion erteilen, falls sie das tun«, sagt sie in der Sprache der offiziellen Propaganda, wie das die Iraker gerne tun, wenn sie sich nicht sicher sind, wie die richtige Antwort lauten soll.

»Puh! Ich bin wirklich ganz durcheinander im Kopf«, meint Reem. »Alle sagen dauernd etwas anderes.« Wir sitzen in einem hellen Wohnzimmer im Mansour-Viertel von Bagdad. Ein Druck der Mona Lisa im Plastikrahmen sieht von der Wand auf uns herab.

Sowohl Reem, der Mathematik studiert, als auch Hanan, die Diplomingenieurin werden will, haben an dem von der Universität veranstalteten Kurs in Landesverteidigung teilgenommen. Sie haben gelernt, wie man mit einer Kalaschnikow schießt und auch einiges über Selbstverteidigung. Aber sie haben nicht die Absicht, von diesem Wissen auch Gebrauch zu machen, falls die Bodentruppen die Stadt einnehmen.

»Dann bleiben wir einfach hier sitzen und warten ab. Wir bewegen uns nicht vom Fleck«, sagt Reem. Die Familie hat keine Pläne, Bagdad zu verlassen. »Wir können nirgendwo hin. Der Krieg würde uns verfolgen, wo wir auch hingehen. Da können wir genauso gut zu Hause bleiben.« Aber im Schlafzimmer hat jeder seine Tasche mit persönlichen Habseligkeiten stehen, ein paar Kleider, ein kleines Stück Seife, ein Rolle Toilettenpapier und ein paar Dinge, die ihnen lieb und teuer sind. »Für alle Fälle«, sagt die Mutter. »Falls wir doch wegmüssen.«

Die Familie gehört zu Bagdads immer kleiner werdenden Mittelklasse. Mit Lebensmitteln, Wasser und der Heizung gibt es noch keine Probleme. Ein ganzes Zimmer ist mit Vorräten gefüllt, mit Petroleum, Öl, Waschpulver und Seife. »Wir haben genug für mehrere Monate«, sagt die Mutter.

Die Familie kämpft nicht gegen Hunger, sondern gegen Langeweile. Sie wagen es nicht, ihren Stadtteil zu verlassen. Die Schule ist geschlossen, die Universität ebenfalls, und die Läden sind nur einige Stunden pro Tag geöffnet.

»Als sei das Leben zum Stillstand gekommen«, sagt Reem seufzend. »Wir sitzen hier einfach nur rum und warten. Ich habe fast keinen Kontakt mehr zu meinen Freunden. Mir fehlt die Universität. Aber ich habe auch keine Lust, in meine Mathebücher zu schauen, denn das macht mich nur traurig.«

Das Telefon klingelt. Reem steht auf. Er kommt noch trauriger zurück. »Das war Jenin. Sie fahren. Ihr Vater will sie zu irgendwelchen Verwandten auf dem Dorf bringen. Sie haben alles gepackt und warten nur noch darauf, dass ihr Onkel sie abholt.« Nachdenklich hören Mutter und Schwester zu, während Reem von dem Gespräch erzählt. Keine der beiden hat etwas zu sagen, als er fertig ist.

»Der Golfkrieg war schlimmer«, sagt die Mutter schließlich. »Genauer gesagt ist das mit den Bomben jetzt schlimmer, aber damals hatten wir bereits nach den ersten Tagen kein

Wasser und keinen Strom mehr. Der Alltag war schwerer zu bewältigen.«

»Sie haben einfach nur wegen der menschlichen Schilde, die massenweise in den Irak gekommen sind, die Wasser- und Elektrizitätswerke nicht bombardiert. Sie beschützen sie mit ihrem Leben«, sagt Hanan, die felsenfest davon überzeugt ist. Und damit ist ein neues Teil in dem verwirrenden Informationspuzzle an seinem Platz. Aus einer weiteren Schachtel.

Gezeichnet vom Krieg

Die Bodentruppen nähern sich Bagdad. Eine nervöse Stimmung hat sich in der Stadt ausgebreitet, und die meisten Leute bleiben zu Hause. Nur in den Moscheen war es heute belebt. Einige weinten beim Gebet aus Angst vor dem, was auf sie zukommen wird.

»Als ich gestern Abend hörte, der Flugplatz sei eingenommen worden, bin ich runter in den Keller gegangen und habe vor dem Einschlafen zu Allah gebetet. Ich war mir sicher, dass in der Stadt am nächsten Morgen bei Erwachen Chaos herrschen würde, dass alle Straßen gesperrt sein würden, und dass man an jeder Ecke einen amerikanischen Panzer sehen würde«, sagt Mawra, eine junge Frau, die heute Morgen zu dem einzigen geöffneten Brotverkauf in ihrer Nähe geeilt ist. »Aber dann erwachte ich, und es war vollkommen still. Vielleicht haben sie Bagdad jetzt doch schon eingenommen«, dachte ich.

Die Bewohner von Bagdad leben in vollständiger Ungewissheit darüber, was wohl mit ihrer Stadt geschehen mag. Jeden Tag werden sie mit Meldungen aus unterschiedlichsten Quellen bombardiert. Während die irakischen Medien gestern Nachmittag bestätigten, der Flughafen sei von den Amerikanern eingenommen worden, würde aber bald wieder von den Irakern zurückerobert, meldeten ausländische Sender, dass sich die Koalitionstruppen unbeirrbar der irakischen Hauptstadt näherten und bereits den Flughafen umgetauft hätten. Laut der Koalitionstruppen hieße er jetzt nicht mehr Saddam Hussein-Flughafen, sondern Bagdad-Flughafen.

»Ich kann nicht glauben, dass es ihnen schon gelungen ist, den Flugplatz einzunehmen«, sagt eine Frau, die mit einem Kind auf dem Schoß auf dem Boden der großen Moschee Abu Hanifa An Numan sitzt. In der Moschee herrscht großes Gedränge. Wer keinen Platz mehr findet, setzt sich draußen vor die Moschee, in der es übrigens zwei Abteilungen gibt, eine große für die Männer und eine kleine für die Frauen. »Ich bete zu Allah für meine Kinder, für Bagdad und für die Soldaten an der Front«, sagt sie, während ihr die Tränen über die Wangen laufen. »Das ist nur der Stress, die Angst und der Druck«, bedeutet sie.

Während einer Zeremonie erfüllt von dem, was alle momentan in Bagdad beherrscht – Angst und Ungewissheit –, hat der Mullah eine lange Ansprache gehalten. Mit ernsten, versteinerten Mienen blicken sie auf den Mullah, der vor ihnen auf einem Podium steht. Er bezeichnet die Amerikaner als Barbaren.

»Ihre Aggression hat uns gezeigt, wie sehr sie die arabische Welt hassen. Das hier ist ein schmutziger Krieg. Die Häuser stürzen über den Köpfen der Menschen zusammen. Babys sterben in den Armen ihrer Mütter. Raketen werden auf unsere heiligen Stätten abgefeuert«, ruft der bekannte Mullah Abdul Ghafour al Qasi. Er wettert aber auch gegen arabische Länder, insbesondere Saudi Arabien, die sich an die USA verkauft haben. »Sie haben uns verraten und sogar noch dem Feind die Zufahrtsstraßen asphaltiert. Die Araber, die die Amerikaner dabei unterstützen, Moslems im Irak zu ermorden, haben einen Platz in der Hölle verdient. Wir beten zu Allah, dass sich die Bevölkerung dieser Länder gegen ihre Führer erhebt!«

Für gewöhnlich hält der Mullah eine Ansprache, dann beten alle. Unter diesen besonderen Umständen unterbricht er jedoch mehrmals seine Rede und ruft zum Gebet auf. Ganz zum Schluss folgt eine konkrete Aufforderung: »Lauscht nicht den Radiosendern der Verräter. Dies hier ist ein Medienkrieg. Unser Wille zum Widerstand soll geschwächt werden. Wer schlechte Nachrichten weitergibt, versündigt sich!«

Ruqai war nicht in der Moschee. Ruqai geht nirgends mehr hin. Sie hat, seit vor über zwei Wochen die ersten Bomben auf Bagdad fielen, das Haus nicht mehr verlassen. »Als heute Nacht der Strom ausfiel, begann ich zu zittern. Ich wusste, jetzt ist es ernst. Ich kann nicht schlafen, nicht essen, nicht denken. Diese Bomben machen mich vollkommen fertig.«

Ruqai wohnt mit ihren fünf Kindern allein in einem kleinen Haus auf der gegenüberliegenden Seite des Platzes, an dem die große Moschee steht. Mehrere der Kinder sind auf dem Weg zur Beerdigung von Ruqais Bruders. »Er ist gestern Nacht vor Schreck gestorben. Sein Herz ist bei einem der schweren Bombenangriffe einfach stehen geblieben«, erzählt Ruqai. Sie selbst wagt es aber nicht, an dem Begräbnis teilzunehmen. Sie wagt nicht, ihr Haus zu verlassen. »Er war jünger als ich«, sagt sie seufzend. »Auch ich habe das Gefühl, zu sterben.«

Ihre Tochter versucht sie zu beruhigen. »Das Risiko, dass dich eine Bombe auf dem Weg zur Beerdigung trifft, ist auch nicht größer, als dass sie dich hier zu Hause erwischt«, meint sie vorsichtig. Ruqai ist bereits genug vom Krieg gezeichnet. Ihren Mann hat sie 1986 im Krieg gegen den Iran verloren. »Er kam in einem Sarg nach Hause, vollkommen verbrannt. Ich hatte nicht die Kraft, ihn anzusehen«, sagt sie. Drei ihrer Schwestern verloren ebenfalls ihre Ehemänner im Krieg gegen den Iran. Eine von ihnen hat nie erfahren, was mit ihrem Mann geschah, er gilt immer noch als vermisst, und sie hat nie einen Totenschein bekommen. Fünf Jahre, nachdem Ruqais Mann zu Tode verbrannte, wurde ihr ältester Sohn in den Krieg gegen Kuwait geschickt. Er fiel, bevor die erste Woche um war. Ruqai hat nicht die Kraft, mehr darüber zu erzählen. »Ich hätte ein glückliches Leben haben können. Wir waren glücklich!

Aber die Kriege haben mein Leben zerstört und mir diejenigen geraubt, die ich liebte.«

Ruqais Haus ist voller Blumen. Eine ganze Regalwand ist mit Plastikblumen gefüllt. Rosen, Tulpen, Sonnenblumen und lange, geflochtene Blumengirlanden, dazu hohe Vasen. Gehäkelte Decken zieren das Sofa und die Rückenlehnen der Stühle, alles in dem schmalen Haus ist schlicht und liebevoll eingerichtet.

»Jetzt habe ich keine Kraft mehr, weder zum Putzen noch zum Aufräumen. Ich schaffe nichts mehr. Ich sitze einfach da und lese den Koran«, sagt Ruqai leise. Sie verkraftet keine weiteren Wunden des Krieges.

Fahren oder bleiben?

Es hatte gestern fast den Anschein, als wage Bagdad nicht einmal Luft zu holen. Die breiten Hauptstraßen lagen ausgestorben da, nur die Gerüste der Marktstände waren zu sehen. Bei allen waren die Läden heruntergelassen. Nur wenige Leute bewegten sich im Zentrum. In den am dichtesten besiedelten Stadtteilen war auf den Straßen mehr los, die Leute waren auf dem Weg zum Gemüsehändler, in den Lebensmittelladen oder zum Nachbarn zum Teetrinken und zum Austauschen von Neuigkeiten.

Unruhig steht Haidar auf der Straße. Eine Pistole ragt aus seiner Tasche. Auf der Stirn hat er eine große Schürfwunde. Er unterhält sich mit ein paar Freunden. Sie alle sind von ihren Müttern zum Brotkaufen geschickt worden. Haidar ist zwölf Jahre alt und geht in die sechste Klasse. Aber jetzt hat man Haidar und seinen Freunden andere Aufgaben übertragen, da die Schulen geschlossen sind.

»Ich bin für den Essenseinkauf für die Familie verantwortlich«, sagt Haidar zufrieden. In der wartenden Schlange fühlt er sich wohl. Sie führt eine Treppe hoch in ein Ladenlokal, in dem es wunderbar nach frisch gebackenem Brot duftet. Die dünnen Pitabrote werden in Rekordtempo von einem Bäcker ausgerollt und mit einem langen Eisenschieber in den offenen Backofen geschoben. Nach wenigen Sekunden sind sie schon fertig, und ein anderer Bäcker nimmt sie in rasendem Tempo heraus und wirft sie auf den Ladentisch. Dort werden sie noch dampfend in Tüten verpackt.

»Noch nie hatten wir so lange Schlangen wie jetzt«, sagt einer der Bäcker. »Aber im Moment müssen die Leute mehrere Kilometer weit fahren, um überhaupt irgendwo Brot aufzutreiben. Wir haben geöffnet, so lange es geht. Schließlich brauchen die Leute Brot.«

Haidar klimpert mit dem Haushaltsgeld seiner Mutter. »Eigentlich ist dieser Krieg gar nicht so schlimm. Ich genieße jetzt größere Freiheiten. Ich muss nicht in die Schule gehen und kann jeden Tag Fußball spielen und Einkäufe erledigen. Krieg spielen wir auch.«

»Krieg?«

»Ja, wir spielen Israelis und Palästinenser«, sagt er und hält mir seine Spielzeugpistole hin, »oder eben Räuber und Gendarm.«

»Spielt ihr denn nicht Amerikaner und Iraker?«

Haidar schüttelt den Kopf. Offenbar ist der Krieg zwischen den Amerikanern und Irakern zu ernst, um daraus ein Spiel zu machen. Auch Haidar hat die Bilder der getöteten und verstümmelten irakischen Kinder gesehen und die besorgten Gespräche der Eltern gehört. Sollen sie in Bagdad bleiben oder weggehen? Und außerdem, wie sollte er einen Bomber spielen?

In der Nähe des Brotladens im Karrada-Viertel stehen zwei durchgerostete Autos. Die Wracks werden mit Taschen, Waserkanistern und Lebensmitteln beladen. Auf dem Dach liegen zusammengerollte Decken und Matratzen in großen Ballen.

»Wir können nicht mehr«, sagt Maysun Najib. »Die Kinder können nachts nicht mehr schlafen. Sie weinen und sind außer sich vor Angst. Jetzt, wo wir keinen Strom und auch kein Wasser mehr haben, schließen wir die Tür ab und verschwinden.«

»Wohin fahrt ihr?«

»Das haben wir noch nicht entschieden. Eigentlich können wir nirgendwohin. Wir haben ein paar Verwandte in Mosul, aber wir wissen nicht, ob die Straße dorthin sicher ist. Das Auto eines Nachbarn, der gestern von dort kam, wurde von Splittern getroffen. Auf dem Fahrer- und Beifahrersitz erlitten alle Verletzungen am ganzen Körper. Unseren Nachbarn, der auf dem Rücksitz saß, erwischten nur ein paar Splitter in der Hand, es geht ihm schon wieder gut. Trotzdem glaube ich, dass es sicherer ist, nach Mosul zu fahren als hier zu bleiben. Hier können die Kämpfe bereits heute Nacht beginnen. Wenn wir fertig gepackt haben, fahren wir runter zum Busbahnhof, um mit den Fahrern dort zu sprechen. Sie wissen, welchen Weg aus Bagdad wir noch benutzen können.« Maysun seufzt. Um ihre Beine herum laufen ein paar ihrer Kinder. Sie hat fünf, im Alter von sechs bis 18 Jahren. Sie freuen sich darauf, wegfahren zu dürfen. Eine Reise ins Unbekannte. Norden, Süden, Osten oder Westen? Das spielt keine Rolle. Hauptsache weg.

Die Einwohner von Bagdad spürten gestern Morgen, dass ihnen der Krieg näher auf den Leib rückte: Das Dröhnen der Bomben wurde vom Knattern der Maschinengewehre und dem Krachen schwerer Artillerie abgelöst. Das war einer der Gründe, warum sich mehrere Familien zur Flucht entschlossen. Schwer beladene Autos waren auf den Autobahnen auf dem Weg aus Bagdad zu sehen, die meisten voll mit Frauen und Kindern.

Die Anwesenheit von Soldaten veränderte die Stimmung in der Stadt enorm. Mehrere Lastwagen mit schwer bewaffneten Soldaten fuhren durch die leeren Hauptstraßen. Manchmal schossen die Soldaten in die Luft, als feierten sie, dass der Kampf um Bagdads Straßen endlich beginnen würde. Sie fuchtelten mit ihren Gewehren und machten in Richtung der Passanten das Victory-Zeichen. An der Autobahn standen Panzer in Kolonnen bereit zum Ausrücken. Fahrzeuge schleppten leichtere Kanonen hinter sich her. Außerdem befanden sich an mehreren Stellen in Bagdad größere Ansammlungen von Soldaten. Sie waren an den Kreuzungen aufmarschiert. Pick-ups mit grün gekleideten Männern waren ebenfalls unterwegs. Viele Parks sind bereits in Lager mit Schützengräben, Stellungen und Kasernen verwandelt worden.

An einer der Hauptstraßen sitzt Ahmed auf einem Hocker und sieht zu, wie Arbeiter Fenster und Türen seines Hotels in der Sadoun-Straße zumauern. »Atlas Hotel & Restaurant« steht auf dem Neonschild über dem Eingang. Wo einmal eine fröhliche Schwingtür gewesen ist, erhebt sich jetzt eine solide Mauer. Genauso solide sind alle Fenster im Erdgeschoss zugemauert. Nur ein Spalt eines Fensters ist noch offen. Ansonsten ist das Gebäude vollkommen versiegelt.

»Das ist so am sichersten«, meint Ahmed traurig. »Da kommt keine Kugel durch. Aber wenn Gott will, bleibt uns das erspart und wir können die Mauer wieder einreißen.«

Höllenkolonnen auf dem Weg nach Bagdad

Der Krieg hat Bagdad immer mehr im Griff. Bomben, Raketen und Artillerie treffen militärische und zivile Ziele, und die irakischen Behörden haben den Bewohnern verboten, die Stadt zu verlassen. Die Krankenhäuser sind mit Verletzten überfüllt, und da die Amerikaner alles unternehmen, um eigene Verluste zu vermeiden, werden auch Zivilisten getötet.

Panzer, Militärfahrzeuge, Kanonen und Raketenwerfer stellen auf Bagdads Straßen inzwischen einen normalen Anblick dar. Lastwagen mit Soldaten fahren zwischen den verschiedenen Stadtteilen hin und her. Im Dora-Viertel an der Autobahn zwischen Bagdad und Kerbela steht irakische Kriegsmaschinerie an der Straße. Alles ist nach den Kämpfen vom Samstagmorgen vollkommen ausgebrannt. Schwarz verkohlte Panzer und zerstörte Abschussrampen liegen im Graben.

Der Sonntagsausflug, der von den irakischen Behörden für die Journalisten veranstaltet wird, hat jedoch ein ganz anderes Ziel: Den einen amerikanischen Panzer, den die Iraker beim Angriff vom Samstagmorgen zerstören konnten. An diesem Sonntagmorgen stehen auf ihm singende und krakeelende Soldaten. Sie springen auf ihn hinauf und von ihm herab. Parolen für Saddam Hussein schallen zum Himmel.

»Wir haben ihn mit einer Panzerabwehrrakete zerstört«, sagt der Kommandant der Republikanischen Garde Jassim Faisel. »Wir haben noch acht weitere Panzer zerstört, aber die haben wir bereits weggeschafft.«

»Eine Stunde nach dem Sieg über die Amerikaner kam Präsident Saddam Hussein, um uns zu gratulieren. Er bat uns weiterzukämpfen, bis wir endgültig gesiegt hätten«, sagt der Soldat Ahmad Khoder. Er hält eine Kalaschnikow in der Hand und hat einen Partonengürtel umhängen. Laut Ahmad befanden sich vier Männer und eine Frau in dem Panzer. »Sie sind alle tot«, meint er noch. Von den Toten fehlt in dem zerstörten Panzer jedoch jede Spur.

Neben dem Panzer ist ein großer Krater. Nachdem er von irakischen Kugeln getroffen worden und die Besatzung in andere Panzer der Kolonne geflüchtet war und das Gebiet verlassen hatte, war es von amerikanischen Truppen bombardiert worden. Die Amerikaner wollen nicht, dass die Iraker ihre »Abrams«-Panzer übernehmen, die der ganze Stolz der Bodentruppen sind. Noch nie ist ein »Abrams« nach Kämpfen von den Amerikanern verlassen worden.

Während die Amerikaner behaupten, der Kommandant des Panzers sei getötet und zwei aus seiner Besatzung seien verletzt worden, behaupten die Iraker, dass fünfzig Amerikaner getötet worden seien und dass sie acht Panzer zerstört hätten. Diese seien jedoch entfernt worden, damit der morgendliche Verkehr auf der Autobahn nicht gestört würde. Die Amerikaner sprechen von zweitausend bei den Angriffen auf Bagdad getöteten gegnerischen Soldaten. Der Informationsminister Muhammed al Sahaf bestreitet das. »Das ist leere Propaganda. Die erfinden diese Zahlen, um von ihren eigenen Verlusten abzulenken«, sagte dieser gestern auf einer Pressekonferenz.

Während des ganzen gestrigen Tages tobten die Kämpfe in den Außenbezirken von Bagdad. Das führte dazu, dass mehr Leute als je zuvor versuchten, die irakische Hauptstadt zu verlassen. Zahlreiche zivile Fahrzeuge waren auf dem Weg aus Bagdad raus, obwohl die Behörden inzwischen den Einwohnern verboten haben, die Stadt zu verlassen. Viele Bewohner der Außenbezirke nahmen ihre Familien ins Stadtzentrum mit, weil sie annehmen, dass es zu den schwersten Kämpfen an der Peripherie kommen wird.

Ein Strom von Verletzten wurde gestern in die Krankenhäuser der Stadt geschafft. In das al Kindi-Krankenhaus in Bagdad wurden den ganzen Tag Verletzte eingeliefert. Mehrere Wohnviertel in Bagdad wurden getroffen. Die Krankenhäuser behaupten nachdrücklich, dass sie nur Zivilisten behandeln, aber unter den Verletzten wurden auch mehrere Männer mit Uniform gesichtet, was darauf hindeuten könnte, dass die Militärkrankenhäuser allmählich überfüllt sind.

Aber nicht nur das Reiseverbot hat dazu geführt, dass die Menschen die Hauptstadt nicht verlassen, auch das Verhalten der amerikanischen Soldaten brachte es mit sich, dass sich nur wenige dazu entschließen. »Sie schießen auf alles, was sich bewegt«, sagt Abdullah, der erwogen hatte, mit seiner Familie Bagdad zu verlassen, sich jetzt aber damit abgefunden hat, dass es hierfür zu spät ist. »Wir hätten letzte Woche fahren sollen, jetzt geht es nicht mehr.«

»Wenn die Amerikaner etwas sehen, von dem sie glauben, dass es gefährlich sein könnte, schießen sie«, sagt auch ein westlicher Fotograf, der den amerikanischen Truppen aus Kuwait gefolgt ist. »Ich habe gesehen, wie sie auf Kinder am Straßenrand geschossen haben. Einmal sahen wir in der Ferne eine einzelne Frau auf einem Acker. Etwas weiter weg neben einem Haus in einem Dorf stand eine Gruppe Männer. Die Amerikaner richteten die Kanone des Panzers auf die Frau und schossen sie nieder. Alle im Dorf flüchteten in die Häuser. So fanden die Amerikaner heraus, dass es sich bei der Gruppe Männer um Zivilisten handelte, und erschossen in diesem Dorf niemanden mehr, weil sich alle versteckt hatten. Das ist ihre Strategie. Schieß zuerst!«, erzählt der Fotograf über sein Satellitentelefon von der Front bei einer Brücke vor Bagdad. Der Fotograf, der anonym bleiben will, weil er in Gesellschaft der Amerikaner unterwegs ist, berichtet seit zwanzig Jahren von Kriegen und sagt, noch nie so schießwütige Soldaten gesehen zu haben.

Der französische Verteidigungsexperte Yves Debay kam am Samstag in Bagdad an, nachdem er den amerikanischen Truppen aus Kuwait gefolgt war. Er ist schockiert darüber, wie sich die Amerikaner aufführen. »Als wir nach Mahmudiyah, ein Dorf südlich von Bagdad kamen, war es fürchterlich. Die Amerikaner griffen eine Kolonne Panzer im Dorf an. Laut den Dorfbewohnern gab es mehr als zweihundert Tote. Natürlich hätten die Iraker ihre Panzer nicht inmitten der Bevölkerung haben dürfen, aber wie auch immer, die Amerikaner gingen kein Risiko ein und schossen wie wild in das Dorf, um sie zu vernichten«, erzählt Debay, der selbst eine militärische Laufbahn hinter sich hat.

»Ich nenne sie ›Höllenkolonnen‹. Sie bestehen aus etwa fünfzig Fahrzeugen. Erst die ›Abrams‹-Panzer, dann die ›Bradleys‹ und ›Amtracks‹ zum Truppentransport und die ›Miclick‹-Fahrzeuge zum Minenräumen und zum Schluss ein ›Hummer‹ mit Lautsprechern, über die die Bevölkerung aufgefordert wird, die Häuser nicht zu verlassen. Diese Höllenkolonne schießt auf alles, was sich bewegt. Sie warten nicht einmal auf den Befehl. Es heißt einfach: ›Wer will, darf schießen!‹ Sie lieben es, mit Munition mit einem Kaliber von 25 Millimetern aus ihren Kanonen auf Porträts von Saddam Hussein zu schießen. Sie haben keine Disziplin, was das Schießen angeht. Die Initiative bleibt jedem einzelnen Soldaten überlassen, Jungen, die gerade mal zwanzig Jahre alt sind«, meint Debay. »Zwischen Mahmudiyah und Bagdad sah ich fünf zerstörte Autos und ein zerstörtes Motorrad. Alle Insassen waren tot. Sie fassen die Zivilisten nicht gerade mit Glacéhandschuhen an. An mehreren Stellen sah ich auch, dass sie in Häuser schossen, wenn dort Fenster offen standen.«

Yves Debay nennt auch den Grund für das aggressive Schießen. »Die Amerikaner rächen sich immer noch für den 11. September. Darüber sprechen sie sehr viel. Ein anderer Grund ist, dass es offenbar keine Strafen oder Sanktionen gibt. Das würde sie vorsichtiger machen, und sie würden sich nicht wie Cowboys aufführen.«

Trotzdem will Debay die Soldaten nicht anklagen. »Sie haben wahnsinnige Angst. Und die Angst wird noch größer, wenn sie Verluste erleiden. Das hat ihnen eine Tötungsmentalität gegeben. Aber das liegt nicht nur an ihnen, ihre Kommandanten haben ihnen keine Schützendisziplin beigebracht. Diese tragen die Verantwortung«, unterstreicht der erfahrene Journalist.

»Sie vergessen eines«, meint Yves Debay abschließend, »den Kampf um die Herzen. Der muss auch gewonnen werden. Und damit sieht es bei den Amerikanern bisher ganz schlecht aus.«

MONTAG, 7. APRIL 2003

Bagdad in Verwirrung

Auf der einen Seite des Tigris tobten blutige Kämpfe. Soldaten und Zivilisten fielen abwechselnd. Auf der anderen Seite des Flusses saßen die Leute und nippten heißen Tee in den Straßencafés. Auf dem Präsidentenpalast wehte die amerikanische Fahne, und gleichzeitig wurden Reden Saddam Husseins in den irakischen Staatsmedien verlesen. Als wollten beide Seiten sagen: Hier regieren wir!

Es begann um sechs Uhr. Das entfernte Dröhnen der Bomben, an das sich die Einwohner Bagdads fast schon gewöhnt haben, wurde von einem lauten, näheren Geräusch übertönt. Bombenwerfer, Raketen, Granaten, Kanonen, Salven aus Maschinengewehren. Der Krieg hatte das Herz von Bagdad erreicht. Im Morgengrauen begannen die amerikanischen Marines ihren Feldzug auf die irakische Hauptstadt.

Als Erstes nahmen sie den riesigen Präsidentenpalast Saddam Husseins ein, einen mehrere Quadratkilometer großen Komplex am Ufer des Tigris. Dort kam es zu erbitterten Kämpfen, und Feuer brach aus, als Munitionslager getroffen wurden. Aber nach einer knappen Stunde Widerstand mussten sich die Iraker geschlagen geben, und die amerikanischen Panzer nahmen den Palast ein. Irakische Soldaten der Republikanischen Garden wurden am Flussufer gesehen, wie sie vom Kampfgeschehen wegrannten. Die Angriffstruppen hatten volle Kontrolle über den Palast und hissten die amerikanische Flagge auf dem Gebäude, das großen Symbolwert für die Iraker besitzt.

Später am Tag versuchten die Iraker, den Palast zurückzuerobern. Sie schossen mit Granatwerfern über den Tigris. Aber die Amerikaner hielten sowohl ihn als auch einen weiteren von Saddam Husseins Palästen.

Während der Morgenstunden tobten jedoch nicht nur Kämpfe. Auch ein Sandsturm fegte über Bagdad hinweg. Während des Vormittags betrug die Sicht nur etwa 200 Meter, da sich der schwarze Rauch des am Stadtrand brennenden Öls mit dem Sand vermischte. Der beißende Rauch kratzte im Hals und ließ die Augen der Bewohner Bagdads tränen.

Die schweren Kämpfe fanden in dem Teil der irakischen Hauptstadt statt, in dem Saddam Husseins Paläste, die Ministerien und andere wichtige Gebäude liegen. Das Informations- und das Außenministerium wurden hart umkämpft, aber den Koalitionstruppen gelang es nicht, diese Gebäude einzunehmen. Der irakische Widerstand wurde von Elitetruppen, der Republikanischen Garde, Mitgliedern der Baath-Partei und Freiwilligen geleistet. Von beiden Seiten wurden mehrere Tote und Verletzte gemeldet.

Auf der anderen Seite des Tigris, wo die meisten Bewohner der Stadt wohnen und die großen Einkaufsstraßen und Märkte liegen, fanden keine Kämpfe statt. Trotzdem verließ in den Morgenstunden niemand das Haus. Nur sehr vereinzelt waren Fahrzeuge unterwegs. Die Soldaten, die die Kämpfe auf dem anderen Flussufer mitverfolgten, machten ein bekümmertes Gesicht. Sie hielten ihre Gewehre gesenkt und trugen nur windige Metallhelme auf dem Kopf.

Aber im Laufe des Vormittags erwachten Teile der Stadt dann wieder zum Leben. Im Karrada-Viertel waren nach und nach alle Teehäuser gut besucht. Im »Mazin«, einem Café an einer Straßenecke, in dem man Tee trinken und Kebab von einem Grill im Freien essen kann, gab es bald keinen freien Tisch mehr.

»Ein furchtbarer Morgen«, sagt Ahmed Fethi. »Als ich aufwachte und mir klar wurde, dass der Krieg Bagdad erreicht hat, wurde ich wirklich böse. Die haben kein Recht, hierher zu kommen. Aber wir haben ihnen gezeigt, dass wir uns wehren können. Hören Sie nur, jetzt ist es still, weil wir im Kampf um das Zentrum gesiegt haben.«

Aber der Krieg hat das Leben für Ahmed schwieriger gemacht. Er arbeitet als Koch in einem besseren Restaurant, und das ist schon seit mehreren Wochen geschlossen. »Aufgrund des Kriegs. Der Chef hat zugemacht und Bagdad verlassen. Jetzt habe ich keinen Job mehr und kein Geld.« Er seufzt.

»Ich hatte schon monatelang Geld gespart, weil ich das hier befürchtete«, sagt Najah Saada, ein bärtiger Mann um die sechzig, der wie immer seinen Vormittagstee trinkt. Najah ist Händler. Er kauft Kleider in Thailand ein und verkauft sie in Bagdad auf dem Markt, aber auch sein Geschäft ist in den letzten Wochen zum Erliegen gekommen. »Niemand transportiert mehr Waren, und außerdem kauft kaum jemand mehr ein, also sitze ich zu Hause. Aber ich kann schließlich nicht die ganze Zeit zu Hause sitzen, also gehe ich ins ›Mazin‹. Ein paar Mal am Tag werden es schon sein«, meint er lachend. Aber rasch wird er wieder ernst, als wir über die Amerikaner sprechen.

»Es ist unsere Pflicht, unser Land zu verteidigen. Ich selbst bin zu alt und zu krank, um zu kämpfen, aber mein Sohn ist bei den *Fedain*-Truppen und kämpft jetzt für Bagdad. Er war daran beteiligt, die Amerikaner aus der Stadt zu vertreiben.«

»Die Amerikaner behaupten, sie hätten den Präsidentenpalast eingenommen?«

»Das ist gelogen. Sie wurden von den irakischen Truppen geschlagen.«

»Aber im Fernsehen waren Bilder der amerikanischen Flagge zu sehen, die auf dem Palast weht.«

»Diese Bilder sind gefälscht«, entgegnet Najah.

Etwas anderes kann er gar nicht antworten, denn dann würde er der offiziellen Version dessen, was am ersten Tag der Bodeninvasion vorgefallen ist, widersprechen. Die offizielle Version wurde vom irakischen Informationsminister Muhammed Said al Sahaf im Fernsehen und Radio gesendet.

Während einer improvisierten Pressekonferenz auf dem Dach des Hotels »Palestine«, vom Präsidentenpalast gesehen auf der anderen Seite des Flusses, empfahl er, die Amerikaner sollten so schnell sie könnten fliehen, um ihre Haut zu retten. »Wir haben das amerikanische Heer vernichtet und unterdrückt. Wir haben ihnen eine Lektion erteilt, eine historische Lektion. Ich verstehe nicht, warum sie ihre Soldaten hierher schicken, um Selbstmord zu begehen. Wenn sie sagen, sie hätten unsere Paläste eingenommen, schummeln und lügen sie«, sagte der Informationsminister, der sich auch die Zeit nahm, mit den Journalisten zu scherzen. »Ich bedauere, dass wir Sie mit diesen Schüssen wecken mussten, aber jetzt haben wir den Feind zurückgedrängt und Sie können sich wieder ausruhen«, sagte er. Als er aufhörte zu sprechen, fielen tatsächlich einen Augenblick lang keine Schüsse. Der Informationsminister lächelte, verabschiedete sich und verschwand vom Dach.

An diese Version müssen sich auch die Leute an diesem kritischen Tag halten, denn die Macht des Regime über die Menschen ist ungebrochen. Wer behauptet, die Amerikaner seien im Zentrum, sagt damit, dass er sich nicht auf das irakische Heer, nicht auf die irakischen Behörden und in letzter Instanz nicht auf Saddam Hussein verlässt.

Zwei Männern in den grünen Uniformen der Baath-Partei laden zu Tee und Mittagessen ein. Der Tee wird in großen Kannen serviert, und das Mittagessen kommt aus einer Plastiktüte: Warmes Pitabrot mit Braten. Abo Saif lässt die Tüte kreisen.

»Ich habe drei Tage nicht mehr geschlafen«, sagt er. »Das ist ein Ausnahmezustand. Jetzt müssen alle für unser Land kämpfen. Ich patrouilliere in der Stadt und sorge für Ruhe und Sicherheit«, sagt er.

»Wir sind nicht zu schlagen, weil wir an unseren Führer glauben. Wir kämpfen mit Herz und Seele. Und darf ich Sie etwas fragen? Wenn wir das Bild einmal umdrehen: Wie würden Sie reagieren, wenn irakische Truppen Ihr Land angreifen würden? Wenn wir versuchen würden, Ihren Präsidenten zu ermorden und Ihnen unsere Führer und unser System aufzuzwingen? Wie würden Sie reagieren, wenn wir Ihre Strom- und Wasserversorgung lahm legten und Ihre Nachbarn umbrächten?«

Abo reißt große Stücke von dem Pitabrot ab. Er erwartet keine Antwort. »Ich habe meine Familie seit drei Tagen nicht gesehen. Ich esse mein Mittagessen aus einer Plastiktüte, schlafe auf einer Matte und trinke Wasser, wenn ich irgendwo welches auftreiben kann«, sagt er, ehe er sich erhebt, höflich und korrekt verabschiedet und geht.

Um die Ecke vom Teehaus »Mazin« liegen ein paar Gemüseläden, die immer noch geöffnet sind. Die Kunden drängen sich, als würden sie denken, dass das vielleicht der letzte Tag ist, an dem sie noch Frischwaren bekommen können. Vor dem Brotladen sind zwei lange Schlangen, eine für Männer und eine für Frauen. »Es ist nicht gut, wenn Männer und Frauen in einer gemeinsamen Schlange anstehen«, erklärt mir eine junge Frau etwas verlegen.

Ganz hinten in der Frauenschlange steht Khawa mit ihrem sieben Monate alten Baby auf dem Arm. »Zina ist die einzige, die nachts gut schläft«, erzählt sie. »Während meine beiden anderen Kinder Todesängste ausstanden, lächelte Zina heute Morgen und brabbelte, als sie von den Explosionen und Maschinengewehrsalven erwachte«, sagt Khawa lächelnd. »Ich hoffe, dass das alles vorbei ist, ehe sie alt genug ist, um es zu verstehen…«

Munitionslager in der Turnhalle

Anarchie, Gesetzlosigkeit, Gangsterherrschaft, so wurde Bagdad gestern beschrieben. Die meisten Leute sind besorgt, nachdem die Polizei und andere Sicherheitsorgane aus der Hauptstadt geflüchtet sind. Sie finden, dass die Amerikaner nicht genug tun, um die öffentliche Sicherheit zu gewährleisten.

Der Pool ist voller Sandsäcke. Im Raum mit den Kraftmaschinen stehen Munitionskisten. Ordentlich aufgereiht zwischen Trampolins und Startblöcken für Läufer liegen zehn zwei-Meter-lange Raketen.

»Luft-Luft-Raketen«, sagt Sergeant Nicolas Clark über die Waffen, die auf dem Fußboden der Turnhalle des Nadi al Jaish-Sportvereins liegen. »Die Raketen sind auseinander montiert. Schließlich hat der Irak keine Luftwaffe. Sie haben also versucht, sie so umzubauen, dass sie sich doch noch einsetzen lassen.«

Leute aus der Nachbarschaft haben Nicolas Clark und seiner Patrouille Bescheid gegeben. »Wir glauben, dass da eine Menge Waffen auf dem Sportplatz liegen«, sagten sie. »Sie wurden im Verlauf des Krieges hierher gebracht. Wir haben gehört, dass nachts schweres Gerät transportiert wurde. Wir hatten Angst, dass es sich um Waffen handeln könnte und dass wir so zum Ziel für die Bomber werden würden«, erzählt Hassan, der Basketball spielt. Jetzt sind die Sportanlagen leer. Was einen Wert hatte, ist geplündert, und die Bilder von Saddam Hussein sind zertrümmert. Ein paar schmutzige Trikots liegen in einer Ecke, handgeschriebene Listen mit Wettkampfergebnissen liegen mit Stiefelabdrücken auf dem Boden.

Im Haus neben der Arena liegen noch mehr Waffen. Zwischen dem Haus und der Straße ist nur ein einfacher Zaun. Das Haus hat mehrere große Zimmer. In einem liegen über tausend Gewehre dicht an dicht gestapelt. Ein Zimmer ist angefüllt mit mobilen Luftabwehrraketen, ein Drittes mit Munitionskisten und ein Viertes mit Granaten und Kugeln. »Diese Kugeln sind fürchterlich«, sagt Clark und hält ein paar Kugeln mit einem kleinen Kaliber hoch. »Sie schlagen kreisend in deinen Körper ein und führen zu starken inneren Blutungen. Diese hier sind für ein Maschinengewehr mit einem Kaliber 14,5«, sagt er über andere.

Eine Wand hoch sind Dosen gestapelt. »Teargas« steht auf ihnen, »Product of Jordan«. Das sind die Waffen, die an die Bevölkerung ausgeteilt werden sollten, um gegen die Amerikaner zu kämpfen. Aber dann zeigte es sich, dass weder das Heer noch jemand anderes Bagdad gegen die Amerikaner verteidigen wollte.

Auch zu diesem Munitionslager haben die Leute aus der Nachbarschaft Clark und seine Patrouille geführt. Gestern in den Morgenstunden begann man das Lager aufzubrechen, das mitten in einem dicht bevölkerten Wohnviertel von Bagdad liegt. Als die Amerikaner eintrafen, hatte das Plündern bereits begonnen. »Aber man ließ sofort alles fallen, als wir in das Gebäude kamen«, sagt Clark. »Wir konnten nichts anderes tun, als sie gehen zu lassen.«

»Aus ganz Bagdad hat man diesen Typ von Waffenlager gemeldet. Mitten in zivilen Gebieten«, erzählt Clark, der keine Möglichkeit hat, die Waffen zu zerstören, wie es eigentlich geplant gewesen war. Sie sollten unschädlich gemacht werden, indem man sie sprengte, sie zersägte oder einschmolz. »Gestern haben wir ein großes Granatenlager gefunden«, sagt Clark. »Wir haben einfach eine große Grube ausgehoben und sie da reingelegt. Jetzt liegen auf ihnen zehn Meter

Erde. Das ist relativ sicher«, sagt der Sergeant wenig überzeugend.

Obwohl ein paar amerikanische Soldaten das Lager streng bewachen, können sie nichts gegen die Plünderung des Nachbargebäudes unternehmen, des lokalen Büros der Baath-Partei. Die Amerikaner stehen mit geladenen Waffen daneben und schauen zu, wie die Leute alles von Wert aus dem Gebäude wegtragen. Sie lächeln und lachen die Soldaten an, die mit regloser Miene und dunklen Sonnenbrillen dastehen.

»Wir sind ein Invasions- und kein Okkupationsheer. Die Leute bitten uns, sie zu beschützen, aber wir sind keine Polizei. Wir sind eine Truppe, die das Regime von Saddam Hussein stürzen soll. Wir werden diesen Krieg gewinnen, aber wir sind viel zu wenige, um den Leuten die Sicherheit zu geben, die sie sich wünschen. Wir haben nicht einmal genug Leute, um alle Waffenlager zu bewachen, die man uns zeigt. Ein paar haben wir einfach nur verrammeln können, bevor wir sie wieder verlassen haben.«

Aber die meisten Leute sind mit Clarks Erklärung nicht zufrieden. Sie wollen jetzt Frieden und Sicherheit. »Ich fürchte mich vor der kommenden Nacht. Den ganzen Tag wurden Läden geplündert, vielleicht fangen sie heute Nacht in Privathäusern an«, sagt Kadiya, eine Mutter von fünf Kindern aus der Nachbarschaft. »Das ist die Verantwortung der Amerikaner. Sie haben die Polizei und die Sicherheitskräfte aus der Stadt vertrieben. Deswegen müssen sie jetzt auf uns aufpassen, nicht dass es wieder so kommt wie letzte Nacht. Da waren weder Amerikaner noch unsere früheren Bewacher zu sehen.«

»Das ist Anarchie«, sagt ein Mann neben ihr. »Die ganze Infrastruktur ist zerstört, und die Schuld daran müssen die Amerikaner auf sich nehmen. Sie können uns jetzt nicht im Stich lassen und uns den Banditen und paramilitärischen Einheiten ausliefern«, meint er ängstlich.

»Passt auf uns auf, wir haben Angst«, sagt eine Frau zu

Nicolas Clark. Die Amerikaner versprechen, ihr Bestes zu tun.

Ein Stück weiter weg im selben Stadtteil fährt ein Lastwagen einen Bordstein hoch. Eine Kette ist an dem Laster befestigt. Das andere Ende ist um das Gitter vor der Tür der Rafidain-Sparkasse geschlungen. Der Motor heult auf, und das Gitter gibt nach. Mit der Tür dahinter wird die Menge, die sich gesammelt hat, leicht fertig. Sie stürzen in die Bank. Wenig später kommen sie wieder heraus. Sie rennen um ihr Leben. »Eine Bombe, eine Bombe«, rufen sie und laufen auf die andere Straßenseite. Dort bleiben sie ratlos stehen, bis sich wieder jemand in die Bank hineinwagt. »Das waren nur welche, die alles Geld für sich behalten wollten, die ›Bombe‹ gerufen haben«, sagt einer und traut sich wieder hinein. Die anderen gehen hinter ihm her. Aber mit leeren Händen treten sie wieder ins Freie. »Dieses Gesindel. Sie haben alles mitgenommen«, sagt ein Mann. »Der Tresorraum ist ausgeräumt.«

Eine Fahrt durch die Straßen von Bagdad zeigt immer wieder dasselbe Bild: Geschäfte, Restaurants, Hotels, Ministerien und öffentliche Gebäude werden vollkommen geplündert. Sogar einige der Krankenhäuser der Stadt wurden gestern von Plünderern heimgesucht.

Vor dem Immigrationsministerium stehen mehrere große Pferdekarren. Computer, Fernseher, Ventilatoren, Schreibtische und Bürostühle, Scheibmaschinenpapier, ein Spiegel, Tassen und Teller werden eilig aus dem Gebäude getragen.

»Sie haben zehn Jahre unter einem Regime gelebt, das ihnen alles genommen hat: die Freiheit, die Kaufkraft und die Wahlmöglichkeiten. Jetzt meinen sie, dass sie sich etwas zurückholen können. Als würde das alles ersetzen, was sie verloren haben. Aber sie stehlen von ihrem eigenen Volk, nicht vom Regime. Das ist schließlich geflohen. Und was ist schon ein staubiger Ventilator gegen zehn Jahre menschlichen Verfalls in Gefangenschaft?«, fragt ein Mann. »Außerdem funktioniert der nicht einmal. Niemand hat Strom.«

DIENSTAG, 8. APRIL 2003, ABENDS

Granaten auf Kameras

Zwei Kameraleute wurden getötet und drei Mitarbeiter der Nachrichtenagentur *Reuters* verletzt, als der Kommandant eines amerikanischen Panzerwagens mit Granaten auf das Hotel »Palestine« schoss, in dem in Bagdad die meisten Journalisten wohnen und arbeiten. Der Amerikaner behaupten, vom Hotel aus sei auf sie geschossen worden, was die Journalisten, die dort waren, jedoch bestreiten.

Es ist eine Minute vor zwölf Uhr. Der französische Fernsehsender *France 3* hat seit zehn Minuten die Kamera auf die drei »Abram«-Panzer gerichtet, die auf der al-Jumiriya-Brücke in Bagdad stehen. *France 3* hat seine Büros im 14. Stockwerk des Hotel »Palestine«. Der Sender hat die schweren Kämpfe gefilmt, die in der Nähe der Brücke stattfanden: Beim irakischen Informationsministerium, bei den Gebäuden des irakischen Fernsehens, beim arabischen Satellitensenders *Al Jazeera*, beim Planungsministerium und beim Außenministerium. Mehrere Gebäude stehen in Flammen, und Rauch quillt aus den Fenstern. Einer der Reporter von *Al Jazeera*, Tarik Ajoub, verlor sein Leben bei einem Bombenangriff einige Stunden zuvor. Er stand auf dem Dach des Gebäudes, als der Splitter einer Bombe den Generator neben ihm traf. Er explodierte, und Ajoub wurde getötet. Das französische Fernsehteam hat zwei Stunden lang den Feldzug der Panzer durch das Verwaltungsviertel von Bagdad verfolgt, jetzt warten sie darauf, was als nächstes passiert, wohin sich die Amerikaner von einer der wichtigsten Brücken Bagdads aus hinwenden werden.

Der Kameramann bemerkt, dass der mittlere Panzer plötzlich seine Kanone direkt auf das Hotel richtet und schießt. Als würde ein Funken aus dem Kanonenrohr fahren. Eine Sekunde später ist ein lautes Krachen zu hören, und das Hotel »Palestine« bebt. Die Granate hat die Etage über *France 3* getroffen, die Büros der Nachrichtenagentur *Reuters*. Dort steht der erfahrene ukrainische Kameramann Taras Protsyok auf dem Balkon. Er wird von Betonbrocken und Glassplittern im Bauch getroffen und stirbt kurze Zeit später im Krankenhaus. Der spanische Kameramann Jose Couso von *Telecinco* stirbt ebenfalls dort. Drei *Reuters*-Mitarbeiter, die sich im Zimmer befinden, werden von Splittern im Gesicht, an den Beinen und am Hals verletzt.

Das Hotel wird geräumt, und die Verletzten werden in Wolldecken nach unten getragen. Bahren oder Erste Hilfe-Material gibt es nicht. Die Kollegen brauchen eine Viertelstunde, um die Verletzten nach unten zu bringen. Lebenswichtige Minuten müssen sie auf den langsamen Fahrstuhl warten. Die Verletzten verlieren sehr viel Blut. Als sie ins Foyer getragen werden, sind die Decken bereits tiefrot durchtränkt. Zwei Lieferwagen bringen sie ins Krankenhaus.

Rauch dringt aus einem Zimmer im 15. Stockwerk, und in vier Etagen sind die Fenster kaputt. Viele stehen unter Schock, und im Luftschutzraum des Hotels wird es voller. Alle fürchten, das Gebäude könnte zusammenbrechen. Die Schäden sind jedoch nur oberflächlich, und nach kurzer Zeit gehen die Jouralisten wieder auf ihre Zimmer.

Aus dem Hauptquartier der amerikanischen Truppen hieß es, die Panzer seien vom Hotel aus beschossen worden. Das halten die Journalisten im Hotel jedoch für wenig glaubwürdig. Es waren weder bewaffnete Männer gesehen worden noch waren an diesem Morgen Schüsse vom Hotel gehört worden. Das Hotel »Palestine« hat 17 Stockwerke. In diesem Zusammenhang sind die Bilder von *France 3* wichtig. »Wenn vom Hotel aus geschossen worden wäre, hätte die Kamera das Geräusch registriert. Die Amerikaner behaupten, es sei mit Granaten oder einem Maschinengewehr vom Hotel aus geschossen worden. Das hätten wir hören müssen«, sagt der französische Kameramann.

Die amerikanischen Truppen sagen, dass sie den Verlust von Menschenleben bedauern, betonen aber gleichzeitig, dass in einem Kriegsgebiet niemand sicher ist. »Der Panzer wurde vom Hotel aus angegriffen und erwiderte das Feuer mit einer Salve aus den eigenen Kanonen«, sagte General Buford Blount, der Befehlshaber der 3. Infanteriedivision der USA.

Der amerikanische Brigadegeneral Vincent Brooks, der Sprecher des Zentralkommandos in Qatar, sagte bei einem Pressebriefing ebenfalls, die Koalitionstruppen in Hotelnähe hätten das Feuer nur erwidert. Als er jedoch gefragt wurde, warum genau auf die 15. Etage gezielt worden sei, antwortete er, die Antwort sei übereilt gewesen, es sei nicht ganz sicher gewesen, wo der Angriff hergekommen sei. Brooks unterstrich, die Iraker verwendeten alle möglichen zivilen Gebäude, einschließlich des Hotels, als Deckung. Der Chefredakteur von *Reuters*, Geert Linnebank, bezeichnete die Verluste gestern als »vollkommen unnötig« und bezweifelte das Urteilsvermögen der amerikanischen Truppen.

Das Hotel »Palestine« ist ein Wahrzeichen von Bagdad, das 17 Stockwerke hohe Gebäude liegt direkt am Tigris und gegenüber vom Präsidentenpalast, dem ersten Gebäude, das die Amerikaner eingenommen haben. Das Hotel ist von Palmen und Rasenflächen umgeben und hat einen großen Pool in einer Gartenanlage. Die Rasenflächen sind jedoch braun, im Garten wachsen keine Blumen mehr und der Pool ist voller Sand und Unkraut. Die Glanzzeit des Hotels ist längst vorbei. Durch den Verfall des Irak in den letzten zwei Jahrzehnten ist es sehr heruntergekommen.

Ehe der Krieg vor drei Wochen begann, konnten die Journalisten zwischen drei Hotels in Bagdad wählen: »Al Rashid«, »Al Mansour« und »Palestine«.

Das »Al Rashid«, es wirbt damit, es sei »more than a hotel«, wurde bald aufgegeben, da Gerüchte zirkulierten, dass es wirklich mehr als ein Hotel sei. Es soll unter dem Gebäude, das direkt gegenüber des irakischen Volkskongresses steht, mehrere Tunnel und geheimdienstliche Einrichtungen geben.

Das »Al Mansour« liegt zwischen dem Informationsministerium, dem irakischen Fernsehen und der al-Jumiriya-Brücke, wo in den letzten Tagen die schwersten Kämpfe stattfanden. Auch dieses Hotel war rasch verlassen, denn kein Journalist wagte es, direkt neben dem Informationsministerium zu wohnen. Dieses ist inzwischen nach mehreren Bombenangriffen vollständig zerstört.

Das Hotel »Palestine« stellt also die letzte Wohnmöglichkeit dar. Inzwischen ist es überfüllt. Mehrere Journalisten teilen sich ein Zimmer, und das in einem Hotel, in dem es weder Strom noch warmes Wasser gibt. Jeden Morgen und jeden Abend gibt es ein paar Stunden lang kaltes Wasser in den Rohren.

Einige Angestellte des Informationsministeriums sind ebenfalls mit ihren Familien hier eingezogen. Mit großen Augen verfolgen ihre Kinder die Aktivitäten der Fernsehgesellschaften, amüsieren sich damit, Aufzug zu fahren oder rennen im Foyer herum. Nachts ist der Luftschutzraum voller irakischer Familien, die glauben, dass die große Zahl Journalisten vor den amerikanischen Bomben schützt. »Sie werden dieses Hotel nie angreifen, schließlich wohnen hier Amerikaner«, sagte eine irakische Frau, die eines Abends mit ihren Kindern in den Luftschutzkeller kam.

Aber genau das haben die Amerikaner getan. Sie haben mit Granaten auf Kameras geschossen, die ihrem Feldzug mit Teleobjektiven folgten.

Nieder mit Saddam! Vielen Dank, Herr Bush!

Die Amerikaner nahmen gestern die meisten Stadtteile von Bagdad ein. Die Hauptstadt erlebte alles, von Freundentränen bis hin zu Plünderungen. Das irakische Militär war wie vom Erdboden verschluckt. Das Regime von Saddam Hussein hatte die Macht verloren: Zum ersten Mal seit dreißig Jahren konnten die Menschen sagen, was sie wirklich dachten.

Die Stimmung kocht auf dem Platz des Paradieses in Bagdad. Amerikanische Marineinfanteristen der Kompanie »Charlie« haben ihre Panzer im Kreis um den Platz herum aufgestellt, der von einer Reihe weißer Säulen und einer großen schwarzen Statue in der Mitte dominiert wird. Die Leute versuchen die Statue zu erklimmen. Der verhasste Führer Saddam Hussein ist jedoch nicht so leicht einzunehmen. Es ist schwierig, einen mehrere Meter hohen Granitsockel hochzuklettern.

»Nieder mit Saddam! Vielen Dank, Herr Bush!«, wird gerufen. Das Ziel ist, die Statue niederzureißen. Es ist die letzte, die in Bagdad errichtet wurde – am 28. April 2002, zu seinem 65. Geburtstag.

Die Statue hält Stand, bis die Kompanie »Charlie« eingreift. Ein Stahlseil wird am Kopf des Diktators befestigt, welches zu einem der amerikanischen Panzer führt. Dieser rollt langsam zurück. Ein Knacken ist zu hören. Die Amerikaner halten an, ein paar Soldaten klettern an der Statue hoch und befestigen eine amerikanische Flagge am Kopf des Diktators. Die Leute direkt bei der Statue jubeln. Doch die, die weiter weg am Rand der Menge stehen, die, die dem Geschehen mit Abstand folgen, zucken zusammen.

»Dazu haben sie kein Recht«, sagt ein Mann. »Wir sind im Irak und nicht in Amerika.«

»Wir Iraker hätten Saddam Hussein loswerden sollen, aber wir haben das die Amerikaner erledigen lassen«, sagt ein anderer seufzend. »Wir sind feige, wir hätten ihm unsere Meinung ins Gesicht sagen und nicht erst nach seinem Fall seine Statuen einreißen sollen.«

Zum ersten Mal ist auf den Straßen Bagdads eine Diskussion über Politik zu hören. Endlich können die Leute ihre Meinung sagen. Das Regime Saddam Husseins hatte die Bevölkerung mit Brutalität und Drohungen gelähmt. Wer sich ihm widersetzte, wurde ausgeschaltet oder musste flüchten. Die Angst war so total, dass es fast unmöglich war, auch nur eine Person zu finden, die zu flüstern wagte, was die meisten dachten: Wir wollen Freiheit.

Am 9. April bejubeln viele diese neu gewonnene Freiheit. »Endlich können wir sagen, was wir wollen. Dieser Mann hat Blut an den Händen, er war ein Tyrann, er hat uns die Luft zum Atmen genommen«, sagt einer.

»Das ist eine Beleidigung«, sagt ein anderer. »Die amerikanische Flagge darf nicht über Bagdad wehen.«

Als hätten die Amerikaner den Mann am Rand des Platzes gehört, wird plötzlich eine irakische Flagge hervorgezogen und am Kopf der Statue befestigt. Die Menge jubelt. Es ist wie ein allgemeiner Seufzer der Erleichterung: Das ist besser.

Der Panzer zieht an, die Statue knirscht ein paar Mal ehe sie umstürzt und waagerecht auf dem Sockel liegt. Die Menge bricht in wilden Jubel und Gesang aus.

»Schiiten«, sagt ein Mann mit Tränen in den Augen. »Das sind alles Schiiten. Hören Sie nur, wie sie Imam Hussein anrufen«, meint er, ehe er weitergeht. Imam Hussein ist einer der wichtigsten Heiligen für die Schiiten, die von dem Regime Saddam Husseins stark unterdrückt wurden.

Ein Mann folgt dem Geschehen auf dem Platz mit ernster Miene. Er hält einen kleinen Jungen fest, der auf einer Betonmauer steht. Der Mann hat mehrere Narben im Gesicht. Sein Gesicht ist reglos, als sei er in Trance. »Ich bin so glücklich«, sagt er, als er aus seinen Gedanken gerissen wird. »Ich hätte nie geglaubt, dass das Regime so schnell zusammenbricht. Es hat mein Leben zerstört. Jetzt ist es weg.«

Der Mann streicht dem Vierjährigen über den Kopf. Er sieht aus wie sein Großvater, aber bei dem Kind handelt es sich um seinen Sohn, denn er ist erst 45 Jahre alt.

»Das waren die Kriege, die mir so zugesetzt haben«, sagt er, als hätte er meine Gedanken gelesen. »Die haben mich vollkommen fertig gemacht. All diese Kriege, die unser Präsident begonnen hat. Als ich 17 Jahre war, wurde ich in den Krieg gegen den Iran geschickt. Das war die Hölle. Einige Jahre, nachdem ich wieder nach Hause gekommen war, begann der Golfkrieg. Ich kam beinahe um, als eine Rakete direkt neben mir einschlug. Damals bekam ich auch diese Narben«, sagt er und deutet auf die Narben auf Lippe, Wange und Stirn. Er zieht das Hemd hoch und entblößt weitere Narben.

»Aber die tiefsten, die sind hier«, sagt er und deutet auf sein Herz. »Meine beiden jüngsten Brüder starben in den Kriegen. Einer wurde von den Kugeln eines amerikanischen Panzerwagens niedergemäht, der andere fiel in einer der großen Schlachten in der Wüste. Ich kam mit dem Leben davon und ging zu Fuß von Kuwait nach Bagdad. Als ich schließlich dort ankam, besaß ich überhaupt nichts mehr. Ich hatte kein Geld und keine Schuhe, und meine Kleider waren nur noch Fetzen, aber ich lebte noch. Doch *mein* Leben hatten sie mir gestohlen. Ich war zwanzig Jahre lang im irakischen Heer. Alles, was ich für diese Jahre bekommen habe, sind Schmerzen«, sagt er und fährt seinem Vierjährigen wieder über den Kopf.

Das Stürzen der Saddam Hussein-Statue auf dem Platz des Paradieses war mit das Letzte, was die Bewohner von Bagdad miterlebten, bevor sich die Nacht über die Stadt senkte. In den

Abendstunden waren immer wieder Schüsse zu hören, doch in den meisten Stadtteilen war es nach einem sehr ereignisreichen Tag friedlich – »einem historischen Tag«, wie ein Mann andächtig meinte.

Gestern waren die Bewohner Bagdads nach der bislang ruhigsten Nacht dieses Krieges erwacht. Nur wenige Bombendetonationen waren aus der Ferne zu hören. Die Leute erlebten einen neuen Anblick: Die Straßen waren leer. Alle Wachen waren fort, das gesamte irakische Heer war verschwunden, sämtliche Miliz und alle Mitglieder der Baath-Partei, die sonst immer auf den Straßen patrouillierten.

»Das Heer ist nach Tikrit geflüchtet«, hieß es Gerüchten zufolge.

»Alle sind desertiert«, meinten andere.

»Sind sind zusammengebombt worden, es ist kaum noch jemand übrig«, kam es aus einer anderen Ecke.

Die meisten der fünf oder sechs Millionen Bewohner Bagdads verließen an diesem Tag ihre Häuser nicht, weil es fast verdächtig ruhig war. Andere dagegen machten sich den Mangel an Sicherheitskräften zunutze. Bereits in den Morgenstunden begannen die Plünderungen. Aus Geschäften, Restaurants, Wohnhäusern, Kiosken und Ministerien verschwand alles, was nur den geringsten Wert hatte. Stühle, Lampen, Computer, Teller – alles wurde Beute der hungrigen Hände, die in Anwesenheit von Fotografen fast schamlos zum Victory-Zeichen gehoben wurden.

Eine Frau, die zuschaut, versucht eine Erklärung: »Wir haben dreißig Jahre lang unter der schlimmsten Diktatur, die Sie sich vorstellen können, gelebt. Die Leute haben das Gefühl, alles sei ihnen genommen worden. Jetzt wollen sie sich etwas zurückholen, auch wenn sie damit ihre Landsleute bestehlen. Sie haben das Gefühl, dass ihnen alles gehört, jetzt wo die Polizei und das Regime weg sind.«

Ein Junge kommt mit dem großen Preis. Er trägt fünf Kalaschnikows. Er hat das Waffenlager der Baath-Partei gefunden. Mit Mühe und Not kann er sie mit seinen dünnen Armen halten. Er eilt davon, ist auf dem Weg nach Hause, wo er seine Beute stolz vorführen will. Die Kalaschnikows, die den Irak verteidigen und die Amerikaner töten sollten, enden wahrscheinlich auf dem Schwarzmarkt. Wo der Irak endet, daran wagte gestern noch niemand zu denken.

Ich will meine Hände zurückhaben!

Bagdad ist eine Stadt, in der niemand mehr regiert. Auf den Straßen herrscht das Chaos, die Plünderungen greifen immer weiter um sich und mit ihnen die allgemeine Unsicherheit. In dem Stadtteil Saddam City haben die Bewohner selbst Straßensperren errichtet aus Angst, dass die Soldaten des ehemaligen Regimes zurückkommen könnten. Aber einige haben gar nicht mitbekommen, dass die Stadt Bagdad über Nacht ihr Gesicht verändert hat. Das sind die, die der Krieg bereits kaputtgemacht hat.

Drei junge Männer werden mit auf dem Rücken gefesselten Händen durch das Tor des Krankenhauses in dem Stadtteil, der früher einmal Saddam City hieß, geschleift. Vor zwei Tagen wurde er in Thawra, Revolutionsstadt, umgetauft. Beim Krankenhaus wimmelt es von Menschen, einige mit Waffen, andere ohne. Von hier aus wird dieser Stadtteil mit seiner Millionenbevölkerung jetzt regiert, von dem einzigen öffentlichen Gebäude aus, das noch in Betrieb ist. »Selbstmordattentäter«, wird gerufen. Die Leute scharen sich um ihren Fang, und die drei Männer schauen verängstigt in die Menge. Sie wurden mit Sprengstoff am Körper aufgegriffen, als sie versuchten, an einer Straßensperre vorbeizukommen. Außerdem hatten sie noch mehrere Granaten bei sich.

»Das sind Saddams Männer«, sagt ein Zuschauer. »Sie sind gekommen, um zu töten, und nicht, um uns zu verteidigen.«

Ein Mann zieht einen langen Säbel und folgt ihnen. Zwei

weitere halten Pistolen in Händen. »Sie kommen aus Syrien. Das sind Terroristen.«

Weitere Männer schließen sich an. »Wir sperren sie erst einmal im Krankenhaus ein, dann können sich die Amerikaner um sie kümmern«, bestimmt ein selbst ernannter Wachmann.

Aber von den Amerikanern ist in der Revolutionsstadt kaum etwas zu sehen. Hier herrscht das Chaos. Das Krankenhaus hat ein Scheich übernommen, ein heiliger Mann. »Ich habe um die Klinik herum vier Straßensperren aufbauen lassen«, sagt Scheich Said Ali al-Musawi. »Das hier ist jetzt das einzige Krankenhaus in der Stadt, das nicht geplündert worden ist. Die anderen sind von ihren Ärzten verlassen worden, die Patienten haben sie woandershin verlegt. Alles von Wert ist verschwunden, das soll hier nicht auch noch passieren.«

Der Krankenhausscheich ist einerseits froh über das, was in den letzten Tagen passiert ist, dann jedoch auch wieder nicht. »Ich bin glücklich darüber, dass Saddam Hussein verschwunden ist. Wenn ich ihn vor mit hätte, würde ich ihm Arme und Beine abschneiden. Dann würde ich dafür sorgen, dass er ganz langsam stirbt. Dass er einen furchtbaren Tod erleidet. Das hat er verdient nach allem, was er uns angetan hat.«

Said Ali al-Musawi hat selbst unter Saddam Husseins Regime gelitten. Neun Jahre lang saß er in einer vier Quadratmeter großen Zelle im berüchtigten Abu Gharaib-Gefängnis in Bagdad. »Ich wurde 1994 festgenommen und beschuldigt, eine Gruppe anzuführen, die den Präsidenten stürzen will. Sie folterten mich, um ein Geständnis zu erzwingen. Sie fesselten meine Hände auf dem Rücken und hängten mich an die Decke. Sie schlugen mich mit Stöcken und Kabeln und folterten mich mit Elektroschocks. Außerdem drohten sie damit, meine Frau umzubringen. Sie hatten die Wände der Zelle rot angestrichen, damit das Licht meinen Augen ständig zu schaffen mache. Jeden Tag bekam ich eine Schale Reis. Neun Jahre lang habe ich die Sonne nicht gesehen und keine frische Luft geatmet«, sagt er bitter. »Die Folter dauerte jahrelang, weil es nichts zu gestehen gab.«

Said Ali al-Musawi wurde im Oktober vorigen Jahres aus dem Gefängnis entlassen, als Saddam Hussein vor der Wahl tausende Gefangene freiließ. »Aber über die Amerikaner bin ich auch nicht sonderlich froh. Ich bin Iraker und mit jeder Faser meines Wesens Patriot. Ich kann es nicht billigen, dass Ausländer unser Land regieren. Aber sie haben uns geholfen, unseren Diktator loszuwerden, und dafür haben sie Dank verdient. Unter ihm war unser Leben schlimmer als das der Elenden«, sagt er unter Bezugnahme auf den großen Roman von Victor Hugo.

Die meisten Ärzte verließen das Krankenhaus in Saddam City, als die Straßenkämpfe begannen. »Hier war es nicht mehr sicher, die Anarchie herrschte, also gingen die meisten nach Hause«, erzählt der Oberarzt Mowafak Gorea. »Aber 22 der 120 Ärzte, die wir einmal hatten, sind noch da, und zwar die Besten.«

Ein paar Tage lang gab es im Krankenhaus keinen Strom und kein Wasser mehr. Jetzt ist die Wasserversorgung wieder hergestellt, aber die Klinik ist weiterhin auf ihre drei Generatoren angewiesen. »Einer ist schon kaputt. Wenn jetzt noch einer den Geist aufgibt, geht nichts mehr. Die gesamte Ausrüstung ist schon mehrere Jahrzehnte alt. Wie lange sie noch durchhält, ist ungewiss«, sagt der Arzt. »Ich weiß, dass ich mehr Patienten hätte retten können, wenn wir bessere Einrichtungen gehabt hätten.« Er seufzt.

In einem Zimmer im dritten Stock liegt Ali. Alis Welt ist auf vier Wände, ein Laken, eine schmutzige Decke aus Polyester und ein Handtuch zusammengeschrumpft. Ausgestreckt liegt er im Bett, und über ihm ist ein Gestell aufgebaut, das mit einer braunweiß gemusterten Decke bedeckt ist. An seinen Körper muss Luft kommen, nichts darf ihn bedecken. Neben Ali sitzt Jamila, seine Tante. Die ganze Zeit wedelt sie Fliegen weg, damit sie sich nicht auf Alis zerstörte Glieder setzen können.

Bauch und Brust sind mit rotem, braunem, schwarzem und gelbem Schorf bedeckt. Seine gesamte Haut vom Hals bis zu den Hüften verbrannte, als eine Rakete in ihr Haus einschlug.

»Sein Zustand ist kritisch«, sagt Oberarzt Gorea. »35 Prozent seines Körpers haben Verbrennungen dritten Grades. Genauer gesagt das, was von seinem Körper noch übrig ist. Wenn er noch Arme hätte, würde es sich vermutlich um eine 50-prozentige Verbrennung handeln. Die Chance, dass er überlebt, ist minimal«, sagt der Arzt auf Englisch, damit Ali ihn nicht versteht. »Wenn er hier liegen bleibt, wird er mit ziemlicher Sicherheit sterben. Infektionen, Infektionen.«

Vor zehn Tagen ist die Rakete in Alis Haus eingeschlagen. Es war mitten in der Nacht. Seine Mutter, im fünften Monat schwanger, sein Vater und sein kleiner Bruder starben sofort. Alis Bettdecke begann zu brennen, und seine Arme waren so verbrannt, dass sie amputiert werden mussten.

»Ich will meine Hände zurückhaben«, ist das Erste, was der Zwölfjährige vom Krankenbett aus sagt, als wir kommen. Seine Stimme ist schwach, aber deutlich. Seine Lippen zittern leicht, wenn er spricht. Sein Gesicht ist unverletzt, daraus blicken große, braune Augen. Der Zwölfjährige hat starke Schmerzen, und das Krankenhaus hat nicht genug Betäubungsmittel. Die Krankenschwester Fatin versucht dafür zu sorgen, dass Ali genug davon bekommt. Aber die schrecklichen Gedanken sind fast noch schlimmer als seine Brandverletzungen.

»Alle sind tot. Mama, Papa, mein kleiner Bruder und alle meine Freunde. Vier Häuser wurden vollkommen zerstört«, sagt er leise. »Da will ich nie wieder hin zurück, alles ist dem Erdboden gleichgemacht worden.« Ali verstummt. Er hat nicht mehr die Kraft, weiterzusprechen. Er bittet seine Tante ein Handtuch an dem Gestell zu befestigen und um seinen Hals zu legen, damit er seinen verbrannten Körper nicht mehr sehen muss. Seine Armstümpfe verschwinden unter dem Handtuch, nicht aber seine Schmerzen und seine düsteren Gedanken.

»Kann ich meine Hände zurückbekommen?«, fragt er ein letztes Mal.

SAMSTAG, 12. APRIL 2003

Bagdad brennt

Bagdad brennt. Die Gebäude, die die Macht Saddam Husseins symbolisieren, werden geplündert und angesteckt. Die Stadt ist in der Hand von Banditen, und die Bewohner geben den Amerikanern die Schuld. Sie wollen Ruhe und Ordnung zurück.

»Das wäre unter Saddam nie möglich gewesen«, sagt Samah. Sie hat ein Sofa und ein paar durchgesessene Sessel auf eine alte Karre gepackt, die sie zusammen mit ihren Söhnen vor sich her schiebt. Sie wirken fröhlich und erwartungsvoll. Aber trotz des Fangs, den sie gemacht haben, meint Samah, dass früher alles besser gewesen sei.

»Jetzt herrscht das Chaos. Wir haben Angst. Nachts sind Banden unterwegs und saufen, stehlen und plündern. Es wäre besser gewesen, Saddam Hussein den Thron behalten zu lassen. Er wusste, wie man das Land kontrolliert. Er war ein starker Führer«, sagt Samah, die keinerlei schlechtes Gewissen plagt, dass sie sich mit ihren Söhnen an den Plünderungen beteiligt.

»Wir holen uns nur das zurück, was uns gehört, was die ganzen Bürokraten uns weggenommen hatten.« Die Couchgarnitur hat sie sich im Büro der »Friedens- und Freundschaftsvereinigung« geholt, der Organisation, die sowohl die menschlichen Schutzschilde als auch die Ankunft der Mudschaheddin in Bagdad organisierte. Samah unterscheidet zwischen Saddam Hussein, den sie für einen guten Mann hält, und seinen Bürokraten, die sie als Diebesgesindel bezeichnet. »Sie haben uns das Öl gestohlen«, vertraut sie uns an.

Samah ist Witwe und Mutter von acht Kindern. Sie hat in ihrem Leben weder ein Sofa noch je einen Sessel besessen. Ihre kleinen Söhne springen vor Freude in die Luft, dass sie zum ersten Mal überhaupt Möbel nach Hause bringen können – eine durchgesessene Sitzgruppe, die mit einem zerlöcherten orange und braun gestreiften Stoff bezogen ist.

»Ich weiß, warum die Amerikaner dieses Chaos zulassen«, sagt Khaldoun Khairi al-Bazerkan, der Arzt an einem der Krankenhäuser von Bagdad ist. »Sie wollen, dass alles zusammenbricht, alle Ministerien und die gesamte Verwaltung. So werden die Leute allmählich um Hilfe rufen und sich mit allem einverstanden erklären, nur damit wieder für Ruhe und Ordnung gesorgt wird. Sie werden den Irak besetzen, es wird wie in Palästina. Und nächstes Mal gibt es dann Aufruhr und Intifada«, meint er. »Ist Ihnen aufgefallen, dass nur ein einziges Ministerium nicht brennt? Nur über ein Ministerium haben die Amerikaner die Kontrolle übernommen. Die anderen haben sie plündern und anzünden lassen. Und in welchem Ministerium sitzen sie? Im Erdölministerium!«, beantwortet er selbst seine Frage. »Gehen Sie nachsehen. Da stehen sie, ein amerikanischer Soldat aufgereiht neben dem anderen. Das ist fast schon überdeutlich. Wir wissen doch alle, dass sie nur wegen unseres Öls hier sind.«

Immer mehr Bewohner Bagdads glauben, dass die Amerikaner etwas mit dem Chaos bezwecken, dass sie es verhindern könnten, dieses aber nicht wollen. Sie sind aufgebracht, und im Unterschied zu früher sagen sie jetzt auch ihre Meinung. Das Verhältnis zu den Amerikanern wird zusehends schlechter. Schließlich waren auch nur ganz wenige auf die Straße gegangen, um den Einmarsch der Amerikaner mit einem »Vielen Dank, Herr Bush!« zu feiern. Obwohl die meisten froh sind, Saddam Hussein los zu sein, sind sie nicht einverstanden mit der amerikanischen Methode, die zu tausenden zivilen Opfern und einem Land im Chaos geführt hat. Aber die Amerikaner sehen die Situation anders.

»Das ist absolut außerhalb unseres Mandats, Recht und Ordnung wiederherzustellen«, sagt ein Offizier der amerikanischen Marines. »Insbesondere nicht jetzt. Der Krieg ist noch nicht gewonnen. In Bagdad kommt es immer noch zu Kämpfen, und wir haben auch noch gar nicht das ganze Land erobert. Tikrit, die wichtigste Stadt Saddam Husseins, steht immer noch. Außerdem jagen wir alle irakischen Führer, die versuchen zu fliehen«, erklärt er. »Meine Leute haben das Töten gelernt, nicht, sich mit Kleinkriminellen abzugeben und den Verkehr zu regeln.«

Ein Problem ist, dass die Bewohner Bagdads, die selbst versuchen, Polizei zu spielen, ins Visier der Amerikaner geraten. Was bei den Einwohnern zu dem Eindruck geführt hat, dass diese Diebe und Plünderungen gutheißen. In den letzten Tagen sind amerikanische Marines gegen bewaffnete Männer vorgegangen, die ein Geschäft bewachen wollten. Freitag wurde ein Heckenschütze getötet. Er stand auf dem Dach eines Ministeriums und schoss, um Plünderungen zu verhindern.

»Warum? Warum plündern, brandschatzen und zerstören?«, fragt ein Englischlehrer entrüstet. Er sieht zum Ausbildungsministerum hinüber, das in Flammen steht. Ein paar Ecken weiter liegt die Zentralbank, deren Inventar nach und nach, Stück um Stück verschwindet. »Warum konnte das amerikanische Heer nicht ein paar Schüsse auf die abfeuern, die stahlen und demolierten? Wenn sie erst mal mit den öffentlichen Gebäuden fertig sind, dann nehmen sie sich Geschäfte, Wohnungen und Passanten vor«, ist seine Befürchtung.

»Ich bin Soldat, kein Polizist«, sagt ein amerikanischer Sergeant von seinem Panzer herunter. »Schauen Sie doch, die Leute sehen glücklich aus, auch wenn es auf den Straßen vielleicht gerade etwas Unordnung gibt.«

»Offenbar sieht das amerikanische Militär nicht ein, dass sie sich bei 99 Prozent der Einwohner, allen, die auf der Straße sind, verhasst machen, indem sie Plünderer in einem Land gewähren lassen, das strenge Kontrolle, einen starken Mann, Recht und Ordnung gewohnt ist«, sagt Oberarzt Mowafak Gorea am Thawra-Krankenhaus in Bagdad. »Sehen Sie sich diese Hintertür meines Krankenhauses an. Die Amerikaner haben sie einfach mit einem ihrer Panzer eingedrückt, ohne sich zu entschuldigen, ohne den Schaden zu reparieren. Jetzt haben die Diebe freie Bahn.« Er seufzt.

Die meisten in Bagdad sind dankbar für die Freiheit, die sie in den letzten Tagen genossen haben, die Freiheit, reden und diskutieren und kritisieren zu können. Aber sie haben Angst. Die Banditen regieren die Stadt. Die Amerikaner stehen vor einem Dilemma. Wenn sie weitere Straßensperren aufbauen und wieder für Recht und Ordnung sorgen, dann wird man ihnen vorhalten, sie würden versuchen, das Land zu besetzen. Und das würde sie nur noch unbeliebter machen.

Vor dem amerikanischen Hauptquartier stand gestern Nachmittag Kamal Askar. »Ich bin der Direktor des al-Kindi-Krankenhauses. Können Sie uns beschützen? Können Sie ein paar Soldaten schicken? Die Ärzte sind nach Hause gegangen, die Patienten evakuiert. Jetzt stehlen die Leute sogar die Betten«, sagt er zu den Soldaten.

Aber es ist zwecklos, er kommt an der Absperrung nicht vorbei.

SONNTAG, 13. APRIL 2003

Worte an der Wand

In Folterkammern überall im Irak wurden unter Saddam Husseins Regime Menschen ermordet und misshandelt. Als das Regime unterging, wurden die Gefängnistore geöffnet, und die Gefangenen konnten nach Hause gehen. Viele sind jedoch immer noch nicht zurückgekehrt. Die Zellen erzählen die Geschichten der Verschwundenen.

Einige haben mit Punkten gezählt, andere mit Strichen. Die winzigen Zellen sind voller Inschriften, unten am Fußboden, um die Tür herum, an der Decke. In diesen dunklen Räumen, in die nie Tageslicht drang, haben unzählige Gefangene versucht, einen Überblick über ihr Dasein zu behalten, indem sie einen Strich oder Punkt in die Wand kratzten, wenn ein neuer Tag begann.

Einige saßen zu sechst in der nur wenige Quadratmeter großen Zelle, andere völlig allein. Einige Zellen sind rot gestrichen, damit die Augen nie zur Ruhe kommen, andere sind weiß. Wo die Gefangenen mit Strichen und Buchstaben die weiße Farbe weggekratzt haben, kommt das Rot wieder zum Vorschein, als hätten sie mit Blut geschrieben.

»Verzweifle nicht, Allah ist dir eine Stütze«, steht da mit blutroten Buchstaben. »Ich gebe Saddam Hussein mein Herz. Allah beschütze mich«, ist an einer anderen Stelle zu lesen. »An meine geliebten Kinder, Safar, Ali und Marwa. 19.7.1990«, ist in eine Wand gekratzt. Kreuz und quer über die unzähligen Systeme aus Strichen und Punkten laufen Kakerlaken, schwarz und blitzschnell.

Wir befinden uns in einer der Vernehmungszentralen der Geheimpolizei *Mukhabarat*. Hier in El Hakimie im Al Ziwiya-Viertel von Bagdad saßen die Politischen. Kurz bevor das Bombardement begann, wurden die Gefangenen verlegt. Niemand weiß, wohin.

Verzweifelte Angehörige suchen jetzt die Gefängnisse auf, um in Papieren Spuren ihrer geliebten Verwandten zu finden oder zumindest ein Zeichen an der Wand. Gestern versuchte eine Gruppe von ihnen, mit Äxten und Stangen eine massive Eisentür aufzubrechen. Sie glaubten, dass das der Weg zu einem unterirdischen Gefängnis sei.

»Es heißt, es hätte hier eine unterirdische Abteilung gegeben. Vielleicht sind sie ja lebendig begraben worden, als ihre Wärter das Weite gesucht haben. Vielleicht atmen sie ja dort unten noch immer«, sagt Mudhafer, der seinen Bruder sucht. Adnan wurde vor drei Jahren verhaftet. Mudhafer unterbricht die Schläge mit der Axt. »Sie haben ihn eines Tages einfach aus seinem Laden mitgenommen. Sie sagten, er sei ein Feind des Regimes. Wir wissen nichts. Nur, dass sie ihn hierher gebracht haben.«

Ein Junge sucht nach Spuren seines Vaters. Er wurde 1994 mit der Beschuldigung festgenommen, an einer Konspiration gegen das Regime beteiligt gewesen zu sein. Shabir ist einer der wenigen, der sein weiteres Schicksal kennt: Er wurde ein paar Monate nach seiner Festnahme begraben. Die Familie wurde aufgefordert, die Leiche abzuholen. Die Geheimpolizei behauptete, er sei an Herzversagen gestorben. »Ich will sehen, wo er die letzte Zeit seines Lebens verbracht hat«, sagt Shabir. »All diese Jahre habe ich daran gedacht, wie sehr er gelitten hat.«

Mit einer Taschenlampe geht Shabir durch die engen Gänge. Es gibt keine Fenster und kaum Belüftung. Die Zellen stinken nach Exkrementen, Erbrochenem und Schimmel. Mehrere sehen so aus, als seien sie überstürzt und unmittelbar nach dem Austeilen des Essens verlassen worden. In vielen Zellen liegen zwei Eier auf einem Teller, in einigen nur noch die Eierschalen. Alles andere ist zusammen mit den Gefangenen verschwunden. Es gibt weder Decken noch Kissen, nur einen Abfluss im Fußboden.

Am Ende des Korridors fanden die Verhöre statt. Eine Augenbinde liegt auf dem Fußboden sowie Stoffstreifen, um damit Arme und Beine am Boden zu fesseln. Kabel sind überall verstreut. Die Vernehmungsräume befinden sich in vollkommenem Chaos, auch das Gefängnis ist in den letzten Tagen geplündert worden. Alle Schubladen sind ausgeleert und Papiere liegen auf dem Boden verstreut. Ein Schrank mit Kassetten ist leer, nur noch die Hüllen sind da. Akten liegen im Schmutz. Aus einem Gewirr aus Kabeln schaut ein Damenschuh hervor.

Auf dem Platz vor dem Gefängnis steht Sabab Muwafak mit den Händen in den Hosentaschen und starrt auf das Gebäude. »Hier habe ich drei Monate gesessen. Ich bin einer der wenigen, die wieder rausgekommen sind. Ich wurde beschuldigt, einer politischen Organisation anzugehören, von der ich nie zuvor gehört hatte. Ich glaubte nicht daran, dass ich überleben würde. Sie haben mich mit den Armen an einen Deckenventilator gehängt und kreisen lassen, bis ich bewusstlos wurde. Dann haben sie mich geschlagen und mir Elektroschocks verpasst. Sie haben mir beide Arme gebrochen. Das war furchtbar, ich hätte nie geglaubt, dass ich rauskommen würde.«

»Die meisten, die hierher gebracht wurden, kamen nie wieder raus. Einige wurden gehenkt und in Massengräbern verscharrt. Die Leichen von anderen wurde einfach nachts vor die Haustüren ihrer Familien geschmissen. Einige wurden in andere Gefängnisse verlegt und waren dort bis zu ihrem Tod«, erzählt mir ein Mann, der seinen Namen nicht nennen will. Wie viele andere fürchtet er, dass das alte Regime noch nicht ganz am Ende ist.

Am Stadtrand von Bagdad liegt das gefürchtete Gefängnis Al Gharaib. Die hohen Mauern sind mit Porträts von Saddam Hussein verziert. Sie sind von Kugeln durchsiebt, die Augen, die Nase. Bei einigen ist das ganze Gesicht weg, andere sind geschwärzt. Die Mauer hat mehrere große Löcher von Bomben und Raketen, die in der Nähe explodiert sind. Der Gefängniskomplex ist mehrere Quadratkilometer groß. In den fabrikähnlichen Gebäuden ist eine Zelle neben der anderen. Jeder Bau hat einen riesigen Speisesaal mit Bänken und Tischen aus Beton, die in den Boden eingemauert sind. Das einzig Farbige ist das ebenfalls eingemauerte Porträt von Saddam Hussein am Ende des Saals. Der Präsident sitzt mit einer Zigarre im Mundwinkel da und lächelt zufrieden. Ein Hohn für die Insassen, die sich oft mit einer Schale Reis, etwas Brot und Wasser begnügen mussten.

Auch nach Al Gharaib kommen Leute, um nach ihren Angehörigen zu suchen, obwohl die meisten Gefangenen freigelassen wurden, als Saddam Hussein letzten Herbst vor den Wahlen eine unerwartete Amnestie erließ.

Ein Mann irrt von Haus zu Haus, von Korridor zu Korridor. Er sucht einen Geheimkeller, von dem er glaubt, dass dort sein Bruder sitzt. »Abbas ist jetzt schon 18 Jahre lang weg. Er war 20 Jahre alt, als ihn die Geheimpolizei aus der Universität abholte. Sie warfen ihm vor, Mitglied der Dawa-Partei zu sein«, erklärt Najib. Die Dawa-Partei wurde von den religiösen Führern der Schiiten gegründet und von Saddam Husseins Regime nach Kräften unterdrückt. »Als wir zur *Mukhabarat* gingen, um nach ihm zu fragen, sagten sie nur, es sei das Beste für ihn, wenn wir ihn nie mehr erwähnen würden. Wenn wir noch einmal nach ihm fragen würden, drohten sie uns ebenfalls festzunehmen. 18 Jahre lang hat meine Mutter geweint, 18 Jahre lang haben wir uns gefragt, wo er ist. Jetzt werde ich ihn finden«, sagt Najib entschlossen und setzt seine Suche fort, in Zellen, Speisesälen und geplünderten Büros. Er sucht nach dem Zugang zum Geheimkeller.

Stattdessen findet er etwas anderes. In einem Haus ist ein

fast leeres Zimmer. Eine Treppe führt auf ein Podest aus Stein. An der Decke hängen zwei Seile, auf dem Boden liegen zwei Schlingen. Unter den Seilen befindet sich eine Öffnung mit zwei Klappen. Schiebt man einen Bolzen zur Seite, fällt die Person mit der Schlinge um den Hals ins Nichts.

Rasch geht Najib wieder in die Sonne. Er schaut noch kurz in einen Korridor, in dem dicht an dicht eine winzige Zelle neben der anderen liegt. Die Zellen für die Todeskandidaten. In einem Raum im selben Gebäude liegen Kabel und Stöcke. »Ich muss den geheimen Eingang finden. Dort sitzt Abbas, da bin ich mir ganz sicher«, sagt Najib und geht weiter.

Wir trennen uns von Najib und dem Al Gharaib-Gefängnis und lesen noch einmal die Inschrift über dem Hauptportal: »Es gibt kein Leben ohne die Sonne. Es gibt keine Würde ohne Saddam Hussein.«

Kampf gegen alte Gespenster

Die Fernsehbilder zeigen Leute, die Gebäude plündern oder Plakate schwenken. Das stellt jedoch nur einen Teil der Wahrheit dar: Die meisten sitzen zu Hause und überlegen sich, was nun geschehen wird.

Zu Hause bei Muayed al-Windawi klingelt es dauernd. Kleine Tassen mit starkem türkischen Kaffee und unzählige Zigaretten werden im übermöblierten Wohnzimmer der Familie konsumiert. Ein Wohnzimmer, das weiterhin von dem eben noch wütenden Krieg geprägt ist. Die Klebebandstreifen, die die Fenster gegen den Luftdruck von Explosionen sichern sollten, sind noch nicht entfernt. Und die Laken, mit denen die Familie ihre Möbel bedeckt hatte, als sie die Stadt verließ, liegen noch auf den Polstern. Dinge, die in Koffern verschwanden und versteckt wurden, sind noch nicht wieder ausgepackt.

Aber was der Krieg hauptsächlich verändert hat, das sind die Gespräche. »Seit 1967 haben wir uns nicht mehr frei unterhalten können«, sagt Akhmed, der Flugzeugingenieur ist. »Wir hatten Angst vor unseren Nachbarn, vor unseren Freunden und sogar vor unseren eigenen Gedanken«, sagt er. »Die Angst steckte uns in den Knochen, sie war immer da, ständig präsent.«

»Sie ist immer noch da unter der Oberfläche«, sagt seine Frau Iman. »Erst wenn ich die Leiche von Saddam Hussein gesehen habe, fühle ich mich ganz sicher.«

Akhmed und Iman waren während des Bombardements zu Hause. »Als die ersten Bomben fielen, haben wir gejubelt. Jeden Abend gingen wir zu Bett und wünschten uns gegenseitig noch mehr Bomben, größere Bomben«, sagen sie lachend. »Wir fanden, dass sie wirklich lange gebraucht haben. Je mehr sich die Sache in die Länge zog, desto größer wurde unsere Verzweiflung«, erzählt Akhmed. »Aber jetzt sind sie endlich hier, und ich hoffe, dass sie lange bleiben. Falls sie wieder abziehen, gibt es mit Sicherheit einen Bürgerkrieg. Sie sollten jetzt hier ein paar Jahre lang das Sagen haben. Wenn wir unseren eigenen Führer wählen sollen, dann ist es nur wieder das alte Lied: Es gäbe ein Blutbad.«

Muayed nahm seine Familie während des Bombardements zu seiner Mutter aufs Land mit. »Ich habe drei Töchter, und dieser Stadtteil war nicht sicher«, sagt er vom Adamiya-Distrikt. Der Professor der Staatswissenschaft an der Universität Bagdad ist weitaus weniger begeistert über die Anwesenheit der Amerikaner im Irak als seine Freunde. »Ich bin Nationalist und Pan-Arabist. Sie haben uns vor unserem Diktator gerettet, und das ist ein Segen. Aber wir wollen nicht der 51. amerikanische Bundesstaat werden. Wir wollen uns selbst regieren und unseren eigenen Führer wählen.«

»Die Amerikaner haben so viele Zivilisten getötet. Sie haben Irakern ins Gesicht geschossen«, wirft seine Tochter Dora ein. »Was für eine Befreiung soll das sein? Ich habe Angst vor den Amerikanern.«

Dora hat einen ihrer besten Freunde verloren. Ein Splitter einer Rakete flog in sein Schlafzimmer. Sie hat erst davon erfahren, als der Krieg vorbei war, aber sie kann sich noch gut daran erinnern, was für eine Angst sie ausgestanden hat, als der Krieg noch andauerte. »Wir hatten ein Gefühl, als wären wir auf der ›Titanic‹. Alle verabschiedeten sich voneinander in den Tagen, bevor die ersten Bomben fielen. Unsere Herzen waren voller Angst.«

»Ich habe zwölf Einschläge von Kugeln im Dach«, sagt Muayed und nimmt uns mit nach draußen, um sie uns zu zeigen. »Hier in der Gegend waren mehrere Einheiten der *Fedajin*, der Saddam-treuesten Soldaten. Vorige Woche kam es zu schweren Kämpfen. Als wir zurückkamen, lagen tote Soldaten auf den Straßen«, erzählt Muayed. Er glaubt, dass nur sehr wenige Iraker die Amerikaner wirklich willkommen heißen. »Sie lächeln sie an, wenn sie direkt auf sie zugehen, aber spucken aus, wenn sie ihnen den Rücken zuwenden«, sagt der Professor über die Einstellung der Iraker zu den Amerikanern. Wie viele Iraker glaubt auch er, dass die Amerikaner das Chaos, das nun in Bagdad herrscht, gewollt haben. »Nach einer Woche mit Plünderungen und Unruhen schreien die Leute nach Recht und Ordnung, und sie können rücksichtslos gegen uns durchgreifen.«

Iman findet, dass Muayed übertreibt. »Es ist klar, dass einem die Leid tun können, die getötet wurden, aber diesen Preis mussten wir bezahlen. Und der war auch nicht zu hoch. Denk doch nur an die Angst, die wir jetzt nicht mehr ausstehen müssen, und daran, dass wir hier jetzt sitzen und uns zanken können. Das ist doch das Wichtigste!«, sagt sie.

Alle Nachbarn kennen jemanden, der im Gefängnis war oder unter Saddam Hussein verschwunden ist. Jasser, ein Informatiker, berichtet von einem Mitschüler, der einmal in der Pause einen Witz über Saddam Hussein erzählte. »Am Tag darauf kam er nicht in die Schule und am nächsten Tag auch nicht. Wir gingen zu ihm nach Hause, um nachzuschauen. Die ganze Familie war weg. Die Geheimpolizei war abends zu ihm nach Hause gekommen und hatte alle mitgenommen. Sie sind nie mehr zurückgekommen«, erzählt Jasser. Er kann sich immer noch an den fatalen Witz erinnern: »Eines Tages verfügte Saddam Hussein, dass alle, die wollten, den Irak verlassen und ins Ausland ziehen konnten. Vor dem Passamt gab es riesige Schlangen. Das kam dem Präsidenten zu Ohren, und eines Tages wollte er sich das selbst anschauen. Er zog sich ein altes arabisches Gewand an und klebte sich einen falschen Bart an. Der Präsident stellte sich in die Schlange und als er zu dem Mann kam, der die Pässe ausstellte, bat er um einen Pass. Er nahm den Bart ab, und alle sahen, wer er war. ›Ich will auch weg‹, sagte er, und der Schreiber bereitete einen Pass für den

Präsidenten vor. Als er den Pass in der Hand hielt, drehte er sich um und sah, dass die riesige Schlange verschwunden war. ›Wo sind alle hin?‹, fragte er. ›Als sie gesehen haben, dass Sie wegwollen, entschlossen sich alle, im Irak zu bleiben‹, sagte der Schreiber. ›Jetzt brauchen sie nicht mehr wegzufahren.‹«

Auch Iman kann eine Geschichte darüber erzählen, wie wenig dazugehörte, um angezeigt zu werden: »Eine Journalistin, die bei einer Frauenzeitung arbeitete, kommentierte einmal wenig schmeichelhaft die Kleider der Frau von Saddam Hussein. Nach wenigen Stunden holte die Polizei sie ab. Am nächsten Morgen fanden ihre Eltern sie vor der Haustür. Sie war grün und blau geschlagen, man hatte ihr am ganzen Körper mit Zigaretten Brandmale verpasst und ihr die Zunge rausgeschnitten. Verstehen Sie? Wir konnten uns auf niemanden verlassen. Wir mussten darauf Acht geben, was unsere Kinder sagten, damit die Schule uns nicht verpfeifen würde. Die Lehrer mussten die Namen der Kinder angeben, wenn sie etwas Falsches gesagt hatten. Der Rektor musste das dann weitermelden.«

»Jeder Schultag begann mit: ›Lange lebe unser Präsident Saddam Hussein!‹«, sagt Thura, die an der Grundschule unterrichtet. »Ich überlege mir, was wir jetzt sagen sollen? Und was sollen wir in den ganzen Stunden machen, in denen wir den Kindern das Leben von Saddam Hussein, seine Tugenden und Taten nahe brachten. Zwei Wochenstunden waren in allen Klassen dem Studium des Lebens des Präsidenten vorbehalten«, erzählt sie.

Niemand hat eine Antwort. Man unterhält sich weiter über die Vergangenheit. Es ist zu früh, um sich über die Zukunft Gedanken zu machen.

»Wir konnten uns nur etwas zuflüstern, und selbst das war gefährlich«, mischt sich einer der Nachbarn ins Gespräch ein. »Ich schäme mich am meisten darüber, dass wir jeglichen Mut verloren haben«, sagt Walid, ein Geschäftsmann. »Nach 35 Jahren Unterdrückung waren wir die reinsten Waschlappen. Wir hätten den Diktator selbst los werden und nicht auf die Amerikaner warten sollen«, sagt er und seufzt. »Ich bin selbst nie ins Gefängnis geworfen und gefoltert worden, aber wir sind mental von der Angst gequält worden, die alles durchdrang.«

Walids einziges Vergehen war, zu Hause eine Satellitenschüssel anzubringen. »Alles war erlaubt, wenn man dafür bezahlte. Aber in regelmäßigen Abständen kam der Mann von der Baath-Partei, der diese Straße kontrollierte, und ich gab ihm Geld, damit er den Mund hielt und mich nicht anzeigte. Vor zwei Tagen stand er wieder vor meiner Tür. Er bat um Schutz und fragte, ob er bei mir wohnen könne. Ich sollte mich dafür erkenntlich zeigen, dass er mich nicht angezeigt hatte. So eine Frechheit! Ich lehnte ab. Ich sei ihm nichts schuldig, sagte ich zu ihm und bat ihn, zu gehen.«

Aufgebracht springt Walid auf und zerrt ein paar Dinar-Scheine aus der Tasche. »Der dunkle Schatten ist noch nicht weg. Hier habe ich ihn noch in der Hosentasche«, sagt er und deutet auf das Bild Saddam Husseins auf den Geldscheinen. Er streckt die Hand nach einem Stift auf dem Tisch aus und malt schwarze Kreuze über das Gesicht des gestürzten irakischen Führers.

»Ich versuche, ein Gespenst loszuwerden, einen dunklen Schatten, ein Gefühl. Ich habe das noch nicht ganz geschafft, aber ich bin auf dem besten Weg.« Er faltet die Scheine zusammen und steckt sie wieder in die Tasche. Auf seinem aufgebrachten Gesicht erscheint plötzlich ein Lächeln. »Ich bin auf dem Weg – die Angst wird aus meinen Gliedern verschwinden!«